너는
문제없어!

# 너는
# 문제없어!

오선화
지음

10 대 를 위 한
써 나 쌤 의
멘 토 레 터

티움

## 진심을 담은 편지를 보내며

안녕? 나는 써나쌤이라고 해.

이 책은 청소년들에게 실제 고민을 듣고 상담한 내용을 적은 거야.
'좋은 책 신사고'라는 회사에서 만드는 문제집, 『우공비』나 『개념쎈 수학』 등에
연재되기도 했었어.
그 얘기를 하면 다들 "아!" 하며 기억난다고 하던데? ^^

이 책에 담긴 상담은 이론을 들려주는 딱딱한 내용이 아니라
이야기를 들려주는 감성 멘토링이라서 재미있게 읽을 수 있을 거야.
내 글의 특징인 입말체를 사용해서
나와 상담하던 친구들은 음성 지원이 되는 것 같다고 하기도 해.

무엇보다 너희 친구들의 실제 고민과 답변을 담은 거니까
너희들에게도 공감이 되고 힐링이 될 거라고 믿어.

내 고민만 큰 것 같아 보이지만
막상 고민을 꺼내놓고 나면 "아, 너도 그래? 나도 그런데!" 할 때가 많잖아.
그렇게 비슷하게 가지고 있으면서도 막상 내가 가지고 있으면
너무 힘든 게 고민이기도 하잖아.

이 책에 담긴 고민들이 너희들에게 말해줄 거야.
다 비슷비슷한 고민을 가지고 있다고 말이야.
너희의 고민만 큰 게 아니라고 말이야.
그 사실만으로도 위로가 될 거라고 믿어.

'꿈과 비전', '일상생활', '공부와 진로', '마음과 관계', '문제'라는
다섯 가지 주제로 고민을 분류해서 담았으니까
너희가 관심 있는 주제를 먼저 찾아보아도 좋아.

참, 이 책에 나오는 이름은 모두 가명을 사용했어.
다 비슷한 고민이라고 해도 비밀은 지켜줘야 하는 거니까.
이름이 똑같은 친구가 있어도 그 친구의 고민은 아니라는 거 기억해줘.

이 책을 통해 지치고 힘든 너희들의 마음에 한 줄기 햇살이 비춰지기를
바라며, 이만 줄일게.

언제나 사랑하고 응원한다!

2017년 봄, 써나쌤 오선화 작가 씀.

## 4장
## 어울려 지내는 게
## 힘들어요

## 5장
## 이런 나,
## 문제인가요?

1
장

좋아하는 걸
찾을 수
있을까요?

네가 맛집에 가려면 그곳으로 가는 노력이 필요한 것처럼
꿈으로 가는 것도 노력을 빼고는 생각할 수 없는 거야.


맛집에 가겠다고 마음먹었으면 걷기 귀찮아도 가는 것처럼
꿈으로 가겠다고 마음먹었으면 우선 가기는 해보자.

민수 제 꿈을 이루려면 더 노력하고, 매일 연습해야 한다는 걸 알아요. 하지만 힘들고 피곤해요. 쉬고 싶고 놀고 싶어요. 포기하고 싶을 때도 많아요. 저는 어떻게 해야 할까요?

ㅎㅎ 답을 알면서 묻는 거 같은 이 기분은 뭘까?
당연히 노력해야지.
힘들고 피곤하고 쉬고 싶고 놀고 싶지, 당연히.
누구나 그럴 거야.
정말 그럴 때는 조금 쉴 수도 있어야겠지.
하지만 노력을 안 하고 쉴 수는 없는 거잖아.
네가 맛집에 가려면 그곳으로 가는 노력이 필요한 것처럼
꿈으로 가는 것도 노력을 빼고는 생각할 수 없는 거야.
맛집에 가겠다고 마음먹었으면 걷기 귀찮아도 가는 것처럼
꿈으로 가겠다고 마음먹었으면 우선 가기는 해보자.

피겨 여왕 김연아는 초등학생 때부터 고된 훈련을 했어. 학교에서 수업하는 시간과 잠자는 시간을 제외한 대부분의 시간을 훈련하면서 보냈지. 우리나라에는 빙상장이 몇 군데 없고, 또 선수들이 빙상장을 쓸 수 있는 시간이 제한되어 있기 때문에 하루에 과천종합체육관, 목동아이스링크, 롯데월드 아이스링크 등 서너 군데의 빙상장을 전전하면서 피겨스케이팅을 배웠어. 김연아는 빠르게 선수로 성장했고, 12살 때 트리플 점프 다섯 가지를 모두 뛸 수 있게 되었어.

겨우 초등학생이었지만 각종 국내대회에서 우승했고, 14살 때는 슬로베니아 트리글라브 트로피 대회 노비스 부문에서 우승했지. 이때 김연아의 우승은 우리나라 피겨스케이팅 역사상 최초의 국제대회 우승 기록이었지. 김연아는 그 이후로도 각종 상을 휩쓸며 피겨 여왕으로 성장했어. 너도 익히 아는 것처럼 말이야. 그런데 그렇게 승승장구했으니 힘들지 않다고 생각했을까? 아니야. 김연아는 자신에게 가장 큰 고통은 말 그대로 '고통'이라고 말했어. 김연아는 한동안 부상 때문에 힘든 시간을 보냈고, 경기 중에 점프를 하다가 두 번 넘어지는 실수를 범하기도 했어. 편파 판정 때문에 억울하게 3위에 머문 적도 있었고, 코치를 잘못 만나 마음고생을 겪기도 했지. 하지만 김연아는 포기하지 않았어. '연습벌레'라는 별명이 붙을 정도로 연습하고 또 연습했지. 아마 잠이 들면서도 연습 동작을 떠올리고, 길을 걷다가도 갈라쇼 때 사용할 음악을 듣지 않았을까? 아이스링크장뿐만 아니라 일상에서도 열심히 훈련했을 거야. 그 정도로 노력하고 또 노력했으니까 지금의 김연아가 될 수 있었을 거야.

민수야,
아마 김연아도 힘들고 포기하고 쉬고 싶고 놀고 싶었을 거야.
포기하고 싶을 때도 있었겠지.
김연아라고 안 그럴 수 있었겠어?
그건 너와 같은 점이지?
그렇게 따지면 공통점이 참 많은 거네. ㅎㅎ
그런데 김연아가 어떻게 피겨 여왕이 되었는지 알아?
'그래서' 포기하지 않고, '그래도' 노력했기 때문이야.

그게 차이점인 거야.

우리는 그래서 하지 않고, 김연아는 그래도 하잖아.

너도 조금 다르게 생각해보는 건 어때?

지금까지는 그래서 하지 않았지만, 앞으로는 그래도 해보는 거야!

쌤이 마구 응원할게.

응원 2만 개 보낸다! 자, 받아!!

#섬 소년 한 명의 첫 등교

한 사람을 위한 진심은 한 사람만 행복하게 하는 게 아니야.

주위 사람들에게 금세 번져서 많은 사람이 행복해지는 일이 되지.

많은 아이들이 행복한 학교를 만들고 싶다면, 우선 한 사람을 생각해봐.

그 사람을 위한 진심이 있는 학교라면

분명히 많은 사람들을 행복하게 할 수 있을 거야.

민국 쌤, 저는 나중에 학교를 세우는 게 꿈이에요. 아이들이 가고 싶어 하는 학교요. 많은 아이들이 행복한 학교요. 쌤은 청소년들을 많이 만나니까 알 것 같아서요. 어떻게 하면 많은 아이들이 즐거운 학교를 만들 수 있을까요? 많은 아이들이 오게 하려면 어떻게 해야 할까요?


민국아, 참 좋은 꿈이다.

내가 학교를 가기 싫어하는 청소년들을 많이 만나서 그런지,

네가 꼭 그런 학교를 세워주면 좋겠어.

그럼 내가 청소년들 덜 만나고 글만 쓸 수 있을 것 같기도 하고,

청소년들이 행복하면 나도 덩달아 행복할 것 같기도 하네.

그런데 말이야,

많은 아이들이 오게 하는 건

거꾸로 한 사람을 행복하게 하는 것부터 시작해야 할 것 같아.

한 사람이 행복해야 점점 더 많은 아이가 행복해질 수 있지 않을까?

한 사람이 행복하지 못하다면 많은 아이가 온다 해도 함께 행복할 수 없잖아.


얼마 전에 섬 소년 한 명을 위한 초등학교가 문을 열었어. 섬에는 학생들이 많이 없어서 학교가 없어지기도 하거든. 폐교가 된 곳을 다른 용도로 이용한다는 뉴스를 본 적 있어? 나는 많이 봤어. 폐교를 박물관이나 게스트하우스로 변경했다는 뉴스 말이야. 하지만 폐교가 다시 개교를 했다는 소식은 못 들었거든. 그런데 그런 소식이 생긴 거야. 충남 보령

의 녹도라는 섬에 청파초등학교 녹도 분교가 있었어. 11년 전에 이미 폐교가 되었는데, 녹도에 입학생 한 명이 생기자, 학교가 다시 문을 연 거야. 그 학교가 다시 문을 열지 않았다면, 그 학생은 배로 20분가량 떨어진 호도 분교로 진학해야 했어. 그럼 가족과 떨어져 하숙을 하거나, 매일 배를 타고 통학해야 했던 거지. 아니면 당진에 살고 있는 할머니 집으로 가야 하는 상황이었어. 그래서 학생의 아버지가 교육청에 가족이 함께할 수 있도록 해달라고 요청을 했지. 충남교육청은 그 요구를 받아들여 한 명을 위해 학교의 문을 다시 열었어. 학생의 입학식 날, 50명가량 되는 주민이 모두 참여했지. 학생은 가족과 함께 살며, 학교도 다닐 수 있게 되어 기뻐하며 만세를 불렀어.

민국아, 그 학생이 얼마나 행복했을까?
학생의 모습을 상상하면 저절로 웃음이 나지?
그런데 말이야.
겨우 한 명의 학생을 위해 어떻게 학교를 다시 열 수 있었을까?
잘 생각해보면 결국 여럿을 위한 일이기 때문이 아닐까?
물론 학교는 이 학생 한 명을 위한 거야.
하지만 학생의 가족까지 행복한 일이지.
또, 주민들에게도 행복한 일이잖아.

왜 그러냐고?
그 학교가 문을 닫았을 때, 아기가 태어나 학교에 다닐 나이가 되면
그 섬에 살기가 어려웠을 거 아니야? 그럼 섬을 떠날 수밖에 없었겠지.

그런데 이제 섬에서 태어난 아기가 자라서 학교에 다닐 나이가 되어도
그 섬에서 살 수 있잖아.
그러니까 섬의 주민들에게도 행복한 일이지.
그리고 그 섬에서 태어날 미래의 아기들에게도 행복한 일이지.

이렇게 한 사람을 위한 진심은 한 사람만 행복하게 하는 게 아니야.
주위 사람들에게 금세 번져서 많은 사람이 행복해지는 일이 되지.
많은 아이들이 행복한 학교를 만들고 싶다면, 우선 한 사람을 생각해봐.
그 사람을 위한 진심이 있는 학교라면 분명히 많은 사람들을 행복하게
할 수 있을 거야.

#세컨드 윈드

진짜 힘들 때는 "힘내."라는 말도 위로가 되지 않는 것처럼
어떤 말도 위로가 되지 않는 순간에는 애써 힘들이고 있는 나에게,
조금 힘을 내려놓는 시간을 주는 것도 필요한 거 같아.
그렇다고 그만두는 건 아니니까.
잠시 쉬어 간다고 아예 가지 않는 건 아니니까.

선미 작가님~ 저번에 작가님이 꿈을 향해 한 걸음씩 가보자고 하셨잖아요. 할 수 있는 걸 하면서 노력해보자고요. 그런데 좀 걱정이 되는게요. 지금은 노력하는 것도 즐겁고 기쁜지만 어느 순간에 엄청 지쳐서 다 때려치우고 싶을 수도 있잖아요. 그런 순간이 오면 어떻게 해요? 그런 순간이 작가님도 있었어요?

그럼!

나도 그런 순간이 있었지.

정말 죽어도 더는 못하겠다 싶은 순간.

그런 순간을 넘겨야 꿈에 더 가까워지는 줄은 알지만

절대 넘어가지 못할 것 같은 순간이 있었지.

나는 그럴 때 환기하는 시간을 가졌던 거 같아.

잠시 멈추고, 영화를 보고 연극을 보고,

정말 끝까지 해보겠냐고 나에게 물어보고….

그리고 또 다시 했었지.

진짜 힘들 때는 "힘내."라는 말도 위로가 되지 않는 것처럼

어떤 말도 위로가 되지 않는 순간에는

애써 힘들이고 있는 나에게,

조금 힘을 내려놓는 시간을 주는 것도 필요한 거 같아.

그렇다고 그만두는 건 아니니까.

잠시 쉬어 간다고 아주 멈추는 건 아니니까.

운동하는 사람들이 사용하는 용어 중에 '세컨드 윈드(second wind)'란 말이 있어. 운동하는 중에 고통이 줄어들고 운동을 계속하고 싶은 의욕이 생기는 상태를 일컫는 말이야. 자전거를 타거나 달리기를 할 때 말이야. 죽어도 더 못하겠다는 생각이 드는 순간이 있지? 숨도 차고, 땀도 흥건하고, 힘도 없는 순간. 그런데 그 순간을 넘어가면 언제 그랬냐는 듯이 괜찮아지잖아. 그걸 '세컨드 윈드'라고 하는 거야. 운동을 하다 보면 호흡곤란, 가슴 통증, 두통 등 고통으로 인해 운동을 중지하고 싶은 느낌이 드는데 이 시점을 사점이라고 해. 이 사점이 지나면 고통이 줄어들고 호흡이 순조로우며 운동을 계속할 의욕이 생기는데, 이 상태가 세컨드 윈드인 거야. 숨 막힘이 없어지고, 호흡이 깊어지며, 심장박동수도 안정되고, 다시 운동할 수 있는 상태가 되는 거지.

선미야,
비단 운동뿐이 아니라,
우리의 삶에도 꿈에도 '세컨드 윈드'가 있는 것 같아.
진짜 당장이라도 그만둬야 할 것 같은 순간,
그 순간을 넘어가야 '세컨드 윈드'가 오는 거지.
꿈을 이루는 데 사점만 있다면,
사점 이후에 또 사점이라면, 누가 꿈을 이룰 수 있겠어?
숨을 헉헉거리며 산 정상에 오르면 다시 내리막길이 우리를 반기는 것처럼, 내리막길에 들어설 때 어디선가 신선한 바람이 불어오는 것처럼 우리 인생에서도 '세컨드 윈드'를 만날 수 있는 거야.
물론 나는 산은 그저 보라고 있는 것이지,

꼭 오를 필요는 없다고 생각하지만 말이야.

그래도 어쩌다 친구를 따라 등산을 하면 곧 죽을 것처럼 숨이 찬데,

그 시점을 지나면 다시 걸을 수 있게 되던걸.


그러니까 너무 걱정하지 말고 지금의 노력을 해.

사점은 분명히 오겠지만, 세컨드 윈드도 분명히 올 테니까 말이야.

아, 그리고 세컨드 윈드는 속도가 빠를수록 일찍 나타난대.

그러니까 사점이 오거든, 세컨드 윈드가 올 거라는 걸 믿어.

세컨드 윈드가 오거든 내 꿈의 속도가 있었으니 세컨드 윈드도 왔구나,

내가 멈춰 있던 게 아니라, 내 방식의 속도를 내고 있었구나, 하고 널

칭찬해줘.

#너를 위한 행복은 있단다

누군가에겐 보이는 게 꿈이고 누군가에겐 걷는 게 꿈일 거야.

누군가에겐 들리는 게 꿈이고 누군가에겐 글자를 읽는 게 꿈이겠지.

우리는 그들의 꿈을 살고 있어. 참 불공평하게도 말이야.


그래도 신이 공평하게 준 게 있지 않을까?

너는 너대로, 나는 나대로 예쁜 거.

우리가 소중한 만큼 그들도 소중한 거.

불공평하다고 투덜대는 지금도 공평하게 준비된 행복이 분명히 있을 거야.

영민 신은 공평하다고 들었는데, 왜 신이 만든 세상은 공평하지 않을까요? 특히 꿈을 이루어갈 때는 훨씬 유리한 친구들이 더 많은 거 같아요.


그래, 나도 기억이 난다.

네 나이 때쯤, 일기장에 세상은 공평하지 않다고 썼던 기억이….

맞아, 그런 생각 많이 들지?

더 부자인 친구도, 더 잘생긴 친구도, 더 날씬한 친구도, 머리가 더 좋은 친구도 부럽기만 하고 나는 그저 열등한 아이 같고,

특히 꿈을 이루는 속도는 더더 늦을 것만 같고….

그래, 어쩌면 세상은 정말 불공평한지도 몰라.


"저와 제 친구들이 우연히 작가님 강의를 유튜브에서 들었어요. 그리고 작가님이 쓰신 책이 읽고 싶어졌어요. 그런데 저희는 눈이 보이지 않아요. 그래서 읽을 수가 없죠. 하지만 한글 파일이 있다면 읽을 수 있어요. 저희에게 한글 파일을 읽을 수 있는 기계가 있거든요. 죄송하지만 원고를 한글 파일로 주실 수는 없을까요? 저작권 때문에 안 되는 건 알지만, 정말 읽고 싶어서 메일을 드려요."


어느 날, 나에게 이런 메일이 도착했어. 나는 고심 끝에 원고를 주기로 했어. 맹학교 친구들에게 같이 읽으라고, 하지만 외부로는 유출이 되지 않도록 조심해달라고 부탁했지. 당연히 그러겠다는 답장을 받았어. 그 일을 계기로 맹학교 친구들과 만나게 되었어.

글을 읽고 나서 직접 만나고 싶다는 메일이 왔거든. "바쁘셔서 우리 만날 시간이 없겠지만 만나고 싶어요."라는 말에 어떻게 만나지 않을 수 있겠어? ㅎㅎ 메일 내용이 너무 귀여워 한참을 웃다가 약속을 잡았지. 그 친구들을 만나고 나서 가끔 연락을 하는데, 한 친구가 이런 말을 한 적이 있어. "작가님, 보고 싶어요. 눈도 안 보이는데 보고 싶다고 하니까 웃길지도 모르지만, 보고 싶어요." 나는 그 말에 웃지 못하고 울었어. 눈도 안 보이는데 보고 싶다는 말이, 참 아프더라. '보다'라는 말은 우리에게 '눈으로 보다'를 의미하잖아. '보고 싶다'는 말도 우리는 '눈으로 보고 싶다'고 이해하잖아. 그냥 우리에게 그런 해석이 당연한 거잖아. 그런데 그 당연함이 당연하지 않은 친구들을 마주하니 그렇게 미안할 수가 없더라고.

정말 네 말대로 세상은 불공평하지?
우리가 눈을 뜨려고 노력한 게 아닌데 눈을 뜨고 있잖아.
우리는 서로가 보이잖아.

영민아,
누군가에겐 보이는 게 꿈이고 누군가에겐 걷는 게 꿈일 거야.
누군가에겐 들리는 게 꿈이고 누군가에겐 글자를 읽는 게 꿈이겠지.
우리는 그들의 꿈을 살고 있어.
참 불공평하게도 말이야.
그래도 신이 공평하게 준 게 있지 않을까?
너는 너대로, 나는 나대로 예쁜 거.

우리가 소중한 만큼 그들도 소중한 거.

불공평하다고 투덜대는 지금도 공평하게 준비된 행복이 분명히 있을 거야.

#우연히 찾아온
꿈의 시작

좋아하는 걸 아직 찾지 못했을 수 있어.

어쩌면 그건 너무 당연한 일이야.

학교 공부만 하는 것도 너무 바빴잖아.

세상이 너에게 좋아하는 걸 찾을 시간조차 주지 않았을지도 몰라.

하지만 꿈도 찾지 못할 거라고 생각하지는 마.

너도 분명히 꿈을 만날 수 있을 거야.

🗨️ **성지** 샘, 나는 꿈이 없어요. 친구들은 다 뭐가 되고 싶다고 말하는데 나는 아직 되고 싶은 것도 없고, 롤모델도 없어요. 좋아하는 것도 딱히 모르겠고요. 좋아하는 걸 찾고, 그걸 잘하기 위해 노력하다가 만날 수 있는 게 꿈인 걸까요?


물론 그럴 수도 있어.
하지만 아닐 수도 있지.
원래 세상 일이 그래.
백 퍼센트 그럴 수 있다거나,
백 퍼센트 아닐 수 있는 건 없더라고.
보통 다 둘 중 하나야.
그럴 수도 있거나, 아닐 수도 있거나.
좋아하는 걸 알고,
그걸 잘 하기 위해 노력하다가 꿈을 만난 사람이 있지.
하지만 정말 우연히 꿈을 만난 사람도 있어.
놀이터에 앉아 있다가
우연히 날아온 공을 마주한 것처럼.

빈민가에서 태어난 소년이 있었어. 가난이 지겨웠지. 아버지가 마시는 술도 지겨웠어. 지독한 가난에 알코올중독에 걸린 아버지라니. 매일매일이 지긋지긋했지. 형은 마약으로 하루하루를 버텼고, 소년은 아버지가 행사하는 폭력에 의해 하루하루 죽어갔지. 그래도 엄마 때문에 살았어.

엄마가 청소부 일을 하는 건 창피했지만, 엄마 덕분에 살 수 있다는 걸 알고 있었지. 엄마가 청소부라는 건 부끄러웠지만, 누가 뭐래도 엄마를 사랑했어. 엄마가 유일한 희망이었지. 엄마가 일을 나가고 나면 소년은 늘 혼자였어. 놀이터에 나가 흙장난을 하며 시간을 보냈지. 저 멀리서 축구를 하는 다른 동네 아이들이 보였지만, 가까이 가서 함께 놀자고 말할 수는 없었어. 이미 그랬던 적이 있거든. 그런데 가난한 아이라는 이유로 끼워주지 않았거든. 하지만 원망하지는 않았어. 그럴 수 있다고 생각했으니까. 그러던 어느 날, 축구를 하던 아이들의 공이 소년의 앞으로 우연히 날아왔지.

소년은 어쩔 수 없이 그 축구공이 그 아이들 곁으로 갈 수 있게 뻥 찼어. 그리고 한참을 서 있었지. 가슴이 뛰고 설레었거든. 그 공을 찰 때, 자신이 느껴본 적 없던 희열이 온몸을 감쌌어. 소년은 그 일을 계기로 꿈을 꾸었어. 그 희열을 계속 느끼고 싶어서 축구 선수가 되겠다는 꿈을 꾼 거야. 놀랍게도 그 소년은 나중에 정말 축구선수가 되었지. 그 소년의 이름은 '크리스티아누 호날두'야.


성지야,

좋아하는 걸 아직 찾지 못했을 수 있어.

어쩌면 그건 너무 당연한 일이야.

학교 공부만 하는 것도 너무 바쁘잖아.

세상이 너에게 좋아하는 걸 찾을 시간조차 주지 않았을지도 몰라.

하지만 꿈도 찾지 못할 거라고 생각하지는 마.

너도 분명히 꿈을 만날 수 있을 거야.

호날두가 자신에게 축구공이 날아온 순간,

자신의 삶에는 없을 것 같았던 꿈의 시작을 발견한 것처럼.

#꿈은 가끔 천천히 오기도 해

다른 사람의 꿈을 보면서 걱정하지 말고, 네 마음속을 들여다봐.

다른 사람 보느라고 네 마음 볼 시간이 없잖아.

이제 네 마음을 천천히 살펴보는 거야.

분명히 네가 좋아하고 잘하는 것이 있을 거야.

기진 샘, 저는 아직 꿈이 없어요. 엄마는 제가 좋아하는 걸 하라고 하는데, 저는 아직 제가 뭘 좋아하는지 모르겠어요. 친구들은 다 멋진 꿈을 갖고 있는 것 같고 나만 아닌 것 같아요. 그래서 답답하고 걱정되고 미치겠어요.

많이 걱정되었구나.

그 마음 알 거 같아.

친구들의 꿈이 멋져 보이니

더 답답하고 속상하지?

그런데 말이야. 꿈은 네가 꿀 거잖아.

남의 꿈을 가져올 건 아니잖아.

그러니까 다른 사람의 꿈을 보면서 걱정하지 말고,

네 마음속을 들여다봐.

다른 사람 보느라고

네 마음 볼 시간이 없잖아.

이제 네 마음을 천천히 살펴보는 거야.

분명히

네가 좋아하고 잘하는 것이 있을 거야.

내가 쓴 책 『힐링 멘토』에 나오는 이야기를 하나 해줄게. 한 청소년이 있었어. 그는 고1 때 학교를 그만두고, 어둠 속에 살았지. 못된 짓을 골라 하고 싸움을 즐기며 살았어. 그러다가 스무 살이 되었고 우연히 한 곡의 노래를 듣게 되었어. '사이프레스 힐'이란 힙합 그룹의 노래였지. 그는 그 노래를 듣고 심장이 멈추는 것 같았어.

그리고 노래를 만들고 싶다는 생각을 했지. 악보도 볼 줄 모르고, 악기도 다룰 줄 모르던 사람이 노래를 만든다니⋯. 게다가 그가 꾸준히 한 것이라고는 싸움밖에 없잖아. 하지만 그는 할 수 있다고 생각했어. 그리고 잠자는 서너 시간만 제외하고 모든 시간을 음악 만드는 일에만 몰두했지. 간단한 비트 하나 만드는 데 수개월이 걸렸어.

그리고 서른한 살이 된 그는 자신이 만든 노래를 세상에 선보였지. 그가 내놓은 노래들은 선풍적인 인기를 얻었고, 그는 히트곡 제조기란 별명을 얻었어. 그가 바로 빅뱅의 〈마지막 인사〉, 티아라의 〈뷰티풀 걸〉 등을 작곡한 '용감한 형제'야.

기진아.
네 질문의 답을 한 문장으로 한다면 말이야.
넌 언젠가 꿈을 꼭 만날 거라는 거야.
그러니까 그날을 기대하면서 생각해보자.
네가 무엇을 할 때 가장 행복하고,
무엇을 하는 걸 가장 좋아하는지 생각해보는 거야.

포스트 잇에 그림을 그리는 게 좋아서
그림 작가가 된 분도 있고,
친구들의 이야기를 듣는 게 좋아서
상담가가 된 분도 있어.

하지만 다 네 나이 때 꿈을 만난 건 아니야.
그건 사람마다 다르거든.
그러니까 지금부터 천천히 생각해도 늦지 않아.
쌤이 응원할게. 파이팅!!

#바바라 월터스의
말 잘하는 법

너도 말을 잘하려면 상대방의 말을

잘 들어주는 것부터 시작해보면 좋을 거야.

상대방의 마음을 알아주고 공감해주면,

네가 어떤 말을 할 것인지에 대한 지혜도 따라오기 마련이거든.

영호 쌤, 유재석 아저씨 좋아하세요? 정말 유재석 아저씨가 나오는 프로그램을 보고 있으면 빨려 들어갈 거 같아요. 어쩜 말을 그렇게 잘하시는지 신기할 따름이에요. 마치 상대방의 마음을 열어보고 말하는 것 같을 때도 많거든요. 저도 그렇게 말을 잘했으면 좋겠어요. 저는 유재석 아저씨 같은 MC가 되는 게 꿈이거든요. 그런데 그렇게 말을 잘하려면 어떻게 해야 하는지 잘 모르겠어요.

ㅎㅎ 쌤도 유재석 아저씨 좋아하지.

내가 생각해도 진짜 말을 잘하는 거 같아.

그런데 쌤은 말이야,

자세히 보면 유재석 아저씨의 비결이 보이던데?

우선 미국에서 '토크쇼의 여왕'이라고 불리는

바바라 월터스의 이야기를 들려준 다음에 그 비결이 뭔지 말해줄게.

바바라 월터스는 미국 텔레비전 역사상 가장 영향력 있는 인터뷰를 하는 사람으로 평가되고 있어. 그녀는 자신이 진행하는 토크쇼에 전 세계 지도자들과 유명 연예인들을 초대해서 인터뷰를 했어. 〈강남스타일〉로 세계적인 스타가 된 싸이도 바바라 월터스가 진행하는 토크쇼 〈더 뷰〉에 출연한 적이 있지. 싸이가 출연했을 때, 바바라 월터스는 싸이에게 직접 말춤을 전수받으며 신발까지 벗는 열정을 발휘해 눈길을 끌기도 했어. 그녀는 유명한 사람들을 정말 많이 만났지만, 유명한 사람만 만난 건 아니야. 범죄자와 살인자 등 뉴스 메이커들도 만나서 인터뷰를 했지. 신기한 건 말이야. 어떤 사람이든 그녀와 마주하면 속내를 다 털어놓으며 솔직하게 말을 하게 된다는 거야. 그래서 사람들은 "하느님은 늘 바바라 월터스에게만 붉은 카펫을 깔아놓고 걷게 하신다."라고 말했지. 그녀는 정말 전 세계가 인정하는 '말 잘하는 사람'이었어. 그녀 또한 자신이 '말 잘하는 사람'으로 성공한 것을 알고 있었지. 자신의 자서전『내 인생의 오디션』이라는 책에서 그 부분에 대해 털어놓기도 했어. "나의 성공 비결은 대부분 언니에 대한 나의 감정과 맞닿아 있습니다."라고 말이야. 바바라 월터스에게는 심각한 정신지체 장애자인 언니가 있거든. 언니에 대한 연민, 그리고 자신이 언니에 비해 가진 게 너무 많다는 죄책감으로 힘든 적이 많았지. 사춘기 시절 장애를 가진 언니는 남에게 보이고 싶지 않은 창피한 존재이기도 했어. 하지만 훗날 돌이켜보면 '말 잘하는 법'을 터득할 수 있었던 건 언니 덕분이었지. 자신의 말을 하기 전에 언니의 말을 먼저 잘 들어줘야 했고, 그것이 말 잘하는 비결이 되었거든. 바바라 월터스는 언니 덕분에 '말 잘하는 법'을 터득했다고 말했어. 바바라 월터스가 터득한 '말 잘하는 법'이 뭔지 궁금하지? 그건 바로 '잘 듣는 것'이래.

영호야,
유재석 아저씨가 나오는 방송을 유심히 보면 말이야.
유재석 아저씨는 게스트의 말을 참 잘 들어준다.
먼저 잘 들은 후에, 자신의 말을 하는 모습을 자주 보았어.
너도 말을 잘하려면 상대방의 말을 잘 들어주는 것부터 시작해보면 좋을 거야.

상대방의 마음을 알아주고 공감해주면,

네가 어떤 말을 할 것인지에 대한 지혜도 따라오기 마련이거든.

#너라는 사람은
오직 너뿐이라는 걸 기억해

너보다 노래 잘하는 사람은 수도 없이 많아.

하지만 너처럼 노래하는 사람은 너뿐이지.

그것에 집중해.

옆을 보고 앞을 보며 우울해하지 말고,

그렇게 비교할 시간에 너를 보고, 너의 노래를 연습해.

너는 누구보다 잘하지 못할지도 몰라.

하지만 분명히 너처럼 할 수는 있을 거야.

미희 작가님, 저는 꿈이 가수예요. 그런데 오디션 프로그램을 보면 노래 잘하는 친구들이 너무 많잖아요. 그래서 점점 꿈으로 가는 길이 좁아지는 느낌이에요. 세상에 가수가 이렇게 많이 필요할까요? 세상에 가수를 할 사람이 이렇게나 많은데 저까지 해도 될까요?


그래,

나도 오디션 프로그램을 가끔 봐.

네 말대로 정말 노래 잘하는 친구들이 많더라.

그런데 미희야,

바리스타도 엄청 많고, 건축가도 엄청 많아.

모든 직업에 오디션 프로그램이 있다면

다른 직업들도 잘하는 사람들이 엄청 많을 거라는 얘기야.

나도 너와 같은 고민을 한 적이 있어.

나도 '내가 작가를 할 수 있을까?' 하고 고민했었지.

내가 생각하기에 나보다 글을 잘 쓰는 작가들이 수도 없이 많으니까.

시간이 지나고 나서야 알았어.

꿈은 누구보다 잘해야만 이루어지는 게 아니라

나처럼 하면 되는 거라는 사실을.


나는 『성경태교동화』라는 책으로 데뷔를 했어. 고등학생 때 시집을 출간하고 소설이 당선돼서 상을 타기도 했지만, 정식 데뷔는 동화였지. 마침내 그토록 바라던 작가가 된 거야. 그런데 기쁘지 않았어.

나는 시를 쓰고, 소설을 전공한 사람이었거든. 그래서 시나 소설로 데뷔를 해야 한다고 생각했어. 동화는 내 영역이 아니라고 생각했지. 동기나 선후배들에게도 비밀로 할 만큼 부끄러웠어. 지금 생각해보면 왜 그랬는지 모르겠지만 그때는 그랬지. 성경을 다룬 태교 동화가 최초라는 이유로 인터뷰도 많이 했는데, 그때마다 사진이 나가는 게 부담스러웠어. 내가 동화를 썼다는 게 알려질까 봐 말이야. 그래서 인터뷰도 참 소극적으로 했었는데, 어떤 기자분이 이런 질문을 하더라.

"작가님 문체는 특이해요. 입에서 나오는 말투 그대로를 담은 것 같은데, 이런 문체는 뭐라고 해요?"

그런 문체를 뭐라고 하는지 내가 어떻게 알겠어? 그냥 아기에게 읽어주는 말투 그대로를 실었을 뿐이었지. 그런 문체가 기존에 있었던 건 아니었거든. 그래서 뭐라고 대답할까 생각해보다가 기자분의 질문에서 답을 찾았어.

"기자님 말씀대로 입말체라고 하세요."

그냥 너희가 '버스 정류장'를 줄여서 '버정'라고 하는 것처럼 '입에서 나오는 말투 그대로를 줄인 문체'를 '입말체'라고 말한 거지. 그런데 놀랍게도 그 '입말체'가 내 글의 특징이 되었어. 출판사에서 내게 원고 의뢰를 할 때는 "이번에도 작가님 입말체로 써주세요."라고 하지. 청소년들이 내 글을 보고 "작가님, 음성 지원돼요."라고 말하는 것도 내가 입말체로 쓰기 때문이지.

미희야,

나보다 글을 잘 쓰는 작가는 많아.

하지만 나처럼 입말체를 쓰는 작가는 없지.

그래서 나는 이제 나보다 잘 쓰는 작가들을 보며

하염없이 부러워하지 않아.

나는 누구보다 잘하지는 못해도 나처럼 할 수 있으니까.

너도 그렇게 생각해주면 좋겠어.

너보다 노래 잘하는 사람은 수도 없이 많아.

하지만 너처럼 노래하는 사람은 너뿐이지.

그것에 집중해.

옆을 보고 앞을 보며 우울해하지 말고,

그렇게 비교할 시간에 너를 보고, 너의 노래를 연습해.

너는 누구보다 잘하지 못할지도 몰라.

하지만 분명히 너처럼 할 수는 있을 거야.

그거면 되지 않아?

#기적을 이끈 사랑과 인내

너도 기적을 이야기하며 사랑을 베푸는 선생님이 되어보면 어때?

네가 선생님이 되어 학생을 만나게 된다면 꼭 말해줘.

세상에 포기해도 되는 사람은 없으니, 서로에게 쓸모 있는 사람이

되어주자고 말이야.

서진 샘, 저는 좋은 선생님이 되고 싶어요. 초등학교 때부터 꿈이 선생님이거든요. 그런데 어떤 선생님이 될지는 모르겠어요. 샘이 생각하기에 좋은 선생님은 어떤 선생님이에요?

꿈이 아주 확실한 걸 보니 정말 좋은 선생님이 될 수 있겠는걸?
내가 생각하기에 좋은 선생님은 애니 같은 선생님이야.
애니가 누구냐고? 지금부터 얘기해줄게.

1880년 미국 보스턴 주립 빈민 보호소, 그곳에 애니가 있었어. 애니 때문에 보호소는 하루도 조용할 날이 없었지. 애니는 매일 밥도 잘 먹지 않고 발작을 했어. 간병인이 몸에 손을 대면 짐승처럼 빽빽 소리를 질러 댔지. 애니를 맡은 간병인들은 오래 버티지 못하고 사표를 냈어. 그런데 그때, 매일 보호소를 찾아와 일을 달라는 할머니가 있었어. 은퇴한 간호사라는데, 더 일을 하고 싶다면서 찾아왔지.
직원들은 그 할머니에게 애니의 간병을 맡겼어. 할머니는 애니에게 다정하게 인사를 했지. "반갑구나, 애니. 세상에 포기해도 되는 사람은 없어. 우리 서로에게 쓸모 있는 사람이 되어주기로 약속하지 않을래?" 할머니는 손가락을 내밀었고, 애니는 발작을 했어. 매일 그런 일이 반복되었어. 하지만 할머니는 정성을 다해 애니를 보살폈어. 그러다가 애니의 눈이 보이지 않는다는 사실을 알게 되었지. 할머니는 애니를 데리고 집으로 와서 극진히 보살폈어. 어느 날, 할머니는 애니의 손을 자신의 가슴에 가져다 대고 말했어. "애니, 사랑은 여기에 있는 거야. 보지 않아도 느낄 수 있는 거야. 내가 널 얼마나 아끼고 사랑하는지 느낄 수 있겠니?"
그 질문 끝에 애니가 처음으로 입을 열었어. 아빠는 술을 마시고 폭력을 휘둘렀고, 엄마가 항상 자신과 남동생을 지켜주었다고. 그런데 엄마가 갑자기 하늘로 떠나고 남동생과 둘만 남게 되었는데, 남동생마저 떠나버렸다고…. 할머니는 이야기를 들으며 함께 울었고, 자신을 쓸모 있는 사람으로 만들어주어 감사하다고 말했지. 며칠 후, 할머니는 애니를 데리고 시각장애인 학교에 입학시켰어. 그리고 얼마 후, 할머니는 영원히 눈을 감았지. "네가 포기하지 않고 간절히 원한다면 기적은 언젠가 널 꼭 찾아올 거야. 사랑한다."라는 말을 남기고 말이야. 그리고 정말 기적은 찾아왔어. 우연히 만난 의사 선생님께서 시력을 회복할 수 있는 기회를 주셨거든. 그 후 6년의 시간이 흘러 어느덧 졸업을 하게 된 애니는 자신이 받은 기적을 갚으며 살기로 했어.

눈이 보이지 않고 귀가 들리지 않고, 까딱하면 발작을 하고 난동을 부리는 아이의 선생님이 되기로 했지. 그 아이를 처음 만나는 날, 애니는 이렇게 인사했어. "안녕, 헬렌 켈러! 너와 함께 지내게 될 설리번 선생님이야. 세상에 포기해도 되는 사람은 없어. 우리 서로에게 쓸모 있는 사람이 되어주기로 약속하지 않을래?"

그래,
애니는 헬렌 켈러의 선생님, 애니 설리번이야.
그리고 애니는 내가 생각하기에 최고로 좋은 선생님이기도 해.
서진아, 너도 애니처럼 기적을 이야기하며 사랑을 베푸는 선생님이 되어보면 어때?

네가 선생님이 되어 학생을 만나게 된다면 꼭 말해줘.

세상에 포기해도 되는 사람은 없으니, 서로에게 쓸모 있는 사람이 되어

주자고 말이야.

#돈을 많이 벌고 싶니?

그럼 너는 그저 돈을 많이 벌고 싶은 거고,

그건 어쩌면 네 친구들도 같은 마음일 거야.

그런데 친구들은 '무엇을 해서 벌까?'도 고민한 거지.

어때?

너는 무엇을 해서 돈을 많이 벌고 싶은 거니?

그 질문의 답이 너의 꿈이 될 수 있을 거야.

며칠 전에요, 친구들과 꿈에 대한 이야기를 했어요. 친구들은 작가, 디자이너, 바리스타… 뭐 이런 직업들을 꿈으로 이야기했어요. 저는 '부자'가 꿈이라고 했고요. 그랬더니 친구들이 그건 꿈이 아니래요. 저는 이해가 안 돼요. 쌤도 그건 꿈이 아니라고 생각하세요? 사실 저도 잘 모르겠어요. 그게 꿈이 아니라면 저도 꿈을 갖고 싶어요.


아니, 쌤은 꿈이 될 수 있다고 생각해.

하지만 네가 그게 꿈인지에 대한 확신이 없는 거 같아서, 그건 속상해.

네가 그게 꿈인지 잘 모르겠다면, 한번 상상해봐.

작가가 되고 싶다는 친구가 작가가 되었을 때,

네가 그 앞에서 "나는 돈을 많이 벌고 있어."라고 말하는 모습을 말이야.

어때?

지금은 대답하지 말고, 쌤의 이야기를 듣고 난 후에 얘기해줘.


어느 대그룹 회장에게 운전기사가 있었어. 그 운전기사는 정말 성실하고 부지런하고 예의 바르고 친절했지. 회장은 그 운전기사가 지금껏 채용한 기사 중에 제일 마음에 들었어. 기사도 자신의 일이 나쁘지 않았어. 월급이 꽤 많았거든. 계속 일하면 퇴직하기 전에 4층 빌딩 정도는 살 수 있을 거라고 생각했지. 그런데 '자동차 디자이너'라는 꿈이 생기면서 생각이 좀 달라졌어. 계속 운전을 하고 다니면서 자동차를 많이 보았기 때문일까? "저 차는 디자인을 이렇게 바꾸면 좋겠고, 저 차는 이렇게 바꾸면 더 편할 것 같아." 이런 생각이 들기 시작했지. 그리고 자신이 원하는 디자인의 자동차를 스케치북에 그리기 시작하면서 꿈이 생겼어. 자신이 디자인 한 자동차가 세상에 나온다는 상상을 하면 가슴이 콩닥콩닥 뛰었지. 기사는 몇날 며칠을 고민하다가 용기를 내서 회장에게 말했어. "회장님, 저 꿈이 생겼어요. 지금부터라도 공부해서 자동차 디자이너가 되고 싶습니다." 회장은 그 말을 듣는 순간 심장이 덜컥 내려앉는 거 같았지. 그 기사를 보내면 다시는 그렇게 마음에 드는 기사를 만날 수 없을 것 같았어. 회장은 한참 고민을 하더니 말했어. "지금 디자이너 공부를 한다고 뭐하겠나? 내가 퇴직금을 미리 정산해줄 테니 평생 나와 함께 일하세." 그리고 회장이 퇴직금으로 제안한 게 글쎄, 4층 빌딩이었지 뭐야. 기사는 며칠을 고민하다가 결국 회장의 제의를 받아들였어. 그리고 평생을 운전기사로 지냈지. 그는 숨질 때까지 '4층 빌딩의 소유주'였어. 그 빌딩에서 나오는 세를 받으며 죽을 때까지 아주 편하게 살았지.

경진아, 네가 운전기사였다면 어떤 결정을 했을 것 같아?
그리고 아까 상상한 장면은 어땠어?
너도 4층 빌딩을 선택하는 게 더 낫다고 생각한다면,
꿈을 이룬 친구 앞에서 돈을 벌고 있다고 말하는 네 모습이 좋았다면,
'부자'가 꿈이라도 해도 좋아.
그렇다면 나는 '부자'라는 너의 꿈을 존중해주고 싶어.
하지만 빌딩보다 꿈을 선택하고 싶다면,
아까 상상했던 모습이 조금이라도 속상했다면, 다시 생각해봐.
그럼 너는 그저 돈을 많이 벌고 싶은 거고,
그건 어쩌면 네 친구들도 같은 마음일 거야.

그런데 친구들은 '무엇을 해서 벌까?'도 고민한 거지.

어때?

너는 무엇을 해서 돈을 많이 벌고 싶은 거니?

그 질문의 답이 너의 꿈이 될 수 있을 거야.

#꿈은 언제 시작해도
늦지 않아

뒤늦게 자신의 꿈을 발견하고 진로를 정하는 사람들은 정말 많아.

내가 알고 있는 사람만 해도 다 얘기하려면 밤을 새야 할 만큼 많을 걸?

그러니까 너는 절대 늦지 않은 거야.

늦었다고 생각할 때는, 지금 시작해야 할 때일 뿐이야.

지금 시작해도 결코 늦지 않아.

그러니까 지금부터 천천히 생각하면 돼.

하민 쌤, 요즘에 진로 때문에 너무 고민이에요. 이제 고2인데, 진로를 정하지 못했거든요. 제 친구는 아이들이 좋다고 유아교육과에 가겠대요. 다른 친구는 어렸을 때부터 영어를 잘해서 영문과에 가기로 결정했대요. 저만 너무 늦은 거 같아서 걱정이에요. 어쩌면 좋죠?

조금 진부한 말이긴 한데,
늦었다고 생각할 때가 가장 빠른 때라는 말이 있어.
역시 진부해?
그럼 서른이 넘어서 꿈을 결정한
어느 작가의 이야기를 들려주겠어! ^^

그 작가는 말이야. 진로를 일찍 정하기는 했대. 고등학교 때 시를 써서 시집을 내기도 하고, 소설 공모전에서 상을 타기도 했대. 다들 문예창작과를 가라고 했고, 자기 생각에도 그게 나을 거 같아서 문예창작과에 입학했지. 진로를 일찍 정했기 때문에 꿈까지 순탄하게 연결될 거라고 믿으면서 말이야.

그런데 대학교에 들어가니까 다들 글을 잘 쓰는 사람들이더래. 모두 자신보다 글을 잘 쓰는 것 같아서 자신은 작가가 될 수 없을 것 같았대. 그러다가 대학교를 졸업하던 해에 결혼을 했대. 아버지가 엄청 엄한 분이어서 아버지 그늘에서 벗어나고 싶은 마음에 일찍 결혼을 한 거지. 그리고 몇 년이 지나, 아이 둘의 엄마가 되었대. 한 아이를 업고, 한 아이의 손을 잡고 장을 보러 가는데 자신이 그렇게 초라해 보일 수가 없더래. 하지만 할 수 없었지. 아이 둘을 잘 키우는 것만이 그녀의 꿈이 되어 있었으니까. 장을 보고 집으로 돌아오다가 전자제품 대리점 안에 있는 노트북을 보게 되었대. 99만 원에 세일하는 신형 노트북이었지. 그 노트북을 보는 순간, 심장이 막 뛰더래. 글을 쓰고 싶고, 작가가 되고 싶다는 간절한 마음이 다시 생겼던 거야. 자신은 없었지만, 자꾸 그 노트북으로 글을 쓰는 자신을 상상하게 되었대.

그러던 어느 날, 선배와 통화를 하다가 다시 글을 쓰고 싶다는 생각을 전했더니 선배가 글을 쓸 수 있는 기회를 주었어. 선배의 회사에서 발행되는 신문에 글을 실을 수 있게 해준 거야. 처음에는 한 문장을 쓰는데 일주일이 걸렸대. 고작 200자 원고지 8매(A4 한 장 분량)를 쓰는데, 한 달이 걸리기도 했대. 하지만 쓰고 또 쓰고 지우고 또 쓰고 고치고 또 쓰다 보니까 점점 다시 글을 쓸 수 있게 되더래. 그리고 시간이 흘러, 자신의 딸들에게 읽어주려고 썼던 원고를 동화책으로 출판할 수 있게 되면서 작가로 데뷔했지. 지금은 어린이들을 위한 동화도 쓰고 청소년들을 위한 글도 쓰면서 행복한 나날을 보내고 있대.

어때? 정말 늦었다고 생각했지만 늦지 않았지?
이 작가는 서른이 넘어서, 게다가 아이도 둘이나 있는 상태에서
꿈을 정하고 노력했는데 이룰 수 있었잖아.
사실 뒤늦게 자신의 꿈을 발견하고 진로를 정하는 사람들은 정말 많아.
내가 알고 있는 사람만 해도 다 얘기하려면 밤을 새야 할 만큼 많을걸?
하민아, 그러니까 너는 절대 늦지 않은 거야.
늦었다고 생각할 때는, 지금 시작해야 할 때일 뿐이야.

지금 시작해도 결코 늦지 않아.

그러니까 지금부터 천천히 생각하면 돼.

참, 아까 얘기한 작가가 누군지 궁금하지?

히히, 쑥스럽지만 말해줄게.

바로 쌤이란다.

## #하고 싶다면
## 재능은 상관없어

재능이 없다고? 그런데 글을 쓰고 싶다고?

그럼 재능이 있는 것보다 더 멋지지 않아?

재능이 없어도 하는 거잖아.

그렇게 쓰고 싶으면 그냥 써.

그러면 돼.

꼭 발전하고 성장할 거야.

민이 샘은 글 쓰는 재능이 있는 것 같아요. 물론 그래서 작가가 되었겠죠? 저도 작가가 꿈인데, 저는 재능이 없는 것 같아요. 백일장에 나가도 상을 탄 적이 없어요. 공모전에 출품해도 매번 꽝이고요. 글을 쓰는 건 좋은데, 재능이 없다면 꿈으로 이어지지 않을지도 모르잖아요. 그럼 포기해야 할까요?


우선 고마운데?

쌤의 책을 다 읽은 네가 재능이 있다고 해주니까 무지 고맙고 행복하네.

하지만 또 금방 슬퍼지는 질문이네.

너는 재능이 없는 것 같아서 글 쓰는 걸 포기해야 하냐고 하니까….

그런데 민이야.

나도 글 쓰는 데 재능이 없는 것 같아서 엄청 힘들었던 기억이 있어.

그때 친한 선배에게도 물었어.

나는 재능이 없는 것 같다고, 포기해야 하는 거 아니냐고 말이야.

민이하고 똑같은 질문이지?


음, 그때가 언제냐면 말이야. 쌤이 엄청 가난하고 무기력하던 시절이었어. 나는 결혼을 하고, 엄청 좁은 집에서 살고 있었는데, 친구들은 자기 길을 잘 찾아가는 것만 같았지. 친구들은 잡지사 기자가 되기도 하고 출판사 편집인이 되기도 했지. 작가로 데뷔하는 친구도 있었어. 꿈으로 나아갈 땐 앞을 봐야 하는 건데, 나는 어리석게도 옆만 보게 되었어. 드라마나 영화에서 보면 그런 장면 있잖아. 나는 그냥 걷고 있는데, 양 옆의 사람들이 빠른 속도로 휙휙 지나가는…. 마치 그런 기분이었지. 내가 웅크려 있든, 서서 울고 있든, 사람들은 아무 상관없이 휙휙 빠르게 지나가는 기분. 그런 기분 속에 멍하니 앉아 있는데, 선배가 일을 주었어. 자유기고로 원고를 쓰는 일이었는데, 도무지 쓸 수가 없었지. 나는 아무것도 할 수 없을 것만 같았어. 원고 마감은 다가오고, 괜히 선배에게 피해만 주는 것 같고, 자신의 일을 잘 하고 있는 친구들에게 창피해서 털어놓을 수도 없었지. 그러다가 원고를 간신히 완성하고 나면 왜 이렇게 마음에 들지 않는지…. 내가 너무 싫더라고. 선배는 잘했다고 애썼다고 하는데, 그 말조차 나를 비웃는 것 같았어. 그래서 선배한테 그 질문을 한 거야. 나는 아무래도 글 쓰는 데 재능이 없는 것 같다고, 포기해야 하는 거 아니냐고. 그렇게 투정을 부렸더니 선배가 말해주더라. "재능이 없다고 머리 쥐어짜며 고민할 시간은 있나 보네. 그럼 그 시간에 그러지 말고 글을 써. 그러면 돼."

민이야, 나는 그 말에 정신이 번쩍 들었어.
재능이 없다고, 나는 초라하다고 힘들어할 시간에 글을 쓰라는 말.
그러면 된다는 말에, 나 자신에게 말했지.
"언제까지 재능을 고민하고 있을 거야? 그렇게 쓰고 싶던 글이잖아.
그럼 그냥 쓰자. 그럼 꼭 발전하고 성장할 거야."라고 말이야.

너, 재능이 없다고? 그런데 글을 쓰고 싶다고?
그럼 재능이 있는 것보다 더 멋지지 않아?
재능이 없어도 하는 거잖아.

2
장

왜 나만
이렇게
힘든 걸까요?

#오늘을 위한 실크 스카프

특별한 날에 하고 싶은 것이 있다면 오늘 해봐.

그럼 오늘이 특별한 날이 되는 거야.

네가 살아 있는 매일매일이 특별한 날이야.

그러니까 너의 오늘을 아끼며 다음 기회를 기다리지 말자고.

어제는 지나갔고 내일은 오지 않았지만, 오늘은 바로 네 앞에 있어.

지은 쌤, 요즘 매일매일 지루해요. 매일 반복되는 일상 속에서, 저는 아무 생각 없이 움직이는 로봇 같아요. 뭔가 특별한 날은 없을까요? 특별한 날에는 하고 싶은 게 참 많은데, 언제쯤 그런 것들을 할 수 있을까요?


그래,

일상이 참 무료하다고 느껴질 때가 있지?

쌤도 그래.

언젠가 음료수를 샀는데 말이야,

그 음료수 브랜드가 이벤트를 한다고 뚜껑 안쪽에 당첨 여부가 적혀 있

다는 거야.

그래서 그 음료수를 연속으로 다섯 병을 먹었거든.

하지만 그 뚜껑은 나를 계속 배신하더라.

"다음 기회에!"라고 외치면서 말이야.

얼마나 얄밉던지, 몇 달 동안 그 음료수는 절대 안 먹었어.

그리고 생각했지.

우리는 다음 기회를 바라지만 정말 중요한 건 다음 기회가 아니라고 말

이야.

우리에게 정말 중요한 건 말이야, 바로 지금이 아닐까?

정말 기회를 만들고 싶다면 지금 만들면 되지 않을까?


얼마 전에 친구한테 들었던 이야기를 해줄게. 어떤 아줌마랑 아저씨가

뉴욕으로 여행을 갔대. 결혼한 지 20년 만에 둘만의 여행을 간 거야. 아

줌마는 뉴욕을 가는 게 소원이었고, 드디어 아내의 소원을 이루어주게 된 아저씨는 기분이 아주 좋았지. 아저씨는 뉴욕을 다니면서 기념으로 뭐 하나 사라고 말했는데, 아줌마는 그저 볼 수 있는 것만으로도 기념이 된다며 아무것도 사지 않았대. 엄마가 되면 남편이랑 자식을 챙기느라고 자신의 것을 제일 뒤로 미루고 결국 못 사게 될 때가 많거든. 아저씨는 그런 아줌마가 안쓰러웠지. 아저씨는 아줌마 몰래 자유의 여신상이 그려진 실크 스카프를 하나 사서 아줌마에게 주었어. 아줌마는 그 스카프를 받아들고 무척 마음에 든다면서 좋아했지.

그런데 집으로 돌아와서 몇 달이 지나도 아줌마가 실크 스카프를 목에 두르지 않는 거야. 아저씨가 서운한 마음에 물어봤지. "그 스카프, 마음에 들지 않아요? 왜 한 번도 꺼내지를 않아요?"라고 말이야. 그랬더니 아줌마가 피식 웃으며 "아까워서 그래요. 아껴두었다가 특별한 날에 하려고요."라고 말했어. 그리고 몇 해가 흘렀지. 아줌마가 먼저 아저씨 곁을 영원히 떠났어. 아저씨는 아줌마의 유품을 정리하다가 펑펑 울었지. 서랍장 안에서 한 번도 꺼내지 않은 그 스카프를 발견했거든.

지은아,
특별한 날에 하고 싶은 것이 있다면 오늘 해봐.
그럼 오늘이 특별한 날이 되는 거야.
네가 살아 있는 매일매일이 특별한 날이야.
그러니까 너의 오늘을 아끼며
다음 기회를 기다리지 말자고.
어제는 지나갔고 내일은 오지 않았지만,

오늘은 바로 네 앞에 있어.

오늘을 맘껏 써버리자. ^^

자, 어때?

네 마음속의 실크 스카프를 한번 꺼내볼까?

# #레드몬드의
# 마라톤 경주

아버지와 지금 냉전 중이라고 해서

아버지의 사랑이 변했다거나

네가 아버지의 아들이라는 사실이 변하는 건 아니야.

아버지는 여전히 네가 아프면 함께 아프실 거야.

삶이라는 경주에서 여전히 너와 함께 뛰고 싶은 마음이실 거라고.

**서훈** 요즘 아버지와 너무 부딪혀요. 아버지는 제가 못마땅한가 봐요. 저도 아버지가 그렇게 좋지는 않고요. 서로 감정이 좋지 않은데 같은 집에서 함께 생활하니까 힘드네요. 가끔 만나는 사람이라면 좀 낫겠다는 생각도 들어요.

서훈아, 네 말이 맞아.
매일 봐야 하는 사람인데 사이가 좋지 않으면 더 힘들지.
더군다나 가족은 일상을 함께 하는 사람이니 더 그럴 수밖에.
힘이 되는 이야기일지는 모르겠지만, 그런 경우가 많더라.
나는 아들이 아니어서 무슨 마음인지는 잘 모르겠지만,
아들은 아버지와 이상한 대립관계가 형성되는 시기가 있는 것 같아.

그런데 그래도 잊지 않았으면 좋겠어.
아버지와 지금 냉전 중이라고 해서
아버지의 사랑이 변했다거나
네가 아버지의 아들이라는 사실이 변하는 건 아니라는 걸 말이야.
아버지는 여전히 네가 아프면 함께 아프실 거야.
삶이라는 경주에서 여전히 너와 함께 뛰고 싶은 마음이실 거라고.

1992년 바르셀로나 올림픽, 남자 육상 400미터 준결승전이 열렸지. 강력한 우승 후보가 있었어. 1991년 도쿄 세계선수권대회 1,600미터 계주에서 금메달을 땄고, 예선 기록도 가장 빨랐던 데릭 레드몬드. 그는 모든 사람이 인정하는 우승 후보였지. 준결승전이 시작되고, 사람들의 예상대로 레드몬드는 선두를 달렸어. 150미터까지는 그랬지. 그런데 그 이후에, 레드몬드가 갑자기 트랙에 주저앉았지. 레드몬드의 얼굴은 고통으로 얼룩졌어. 무슨 일이 있었던 거냐고?

경기 중 실수로 오른쪽 허벅지의 햄스트링이 파열된 거야. 참을 수 없는 고통이 레드몬드를 에워쌌지. 하지만 레드몬드는 포기할 수 없었어. 있는 힘을 다해 일어나 발을 내딛었지. 다리를 절뚝거리며 다시 경기에 임하려고 안간힘을 썼어. 관중석의 사람들은 안타까운 마음으로 레드몬드를 바라보았지. 그중에서도 가장 안타까운 건 아버지였어. 레드몬드의 아버지도 관중석에서 레드몬드의 경기를 보고 있었거든. 레드몬드는 이를 악물고 다리를 절뚝거리며 걸었어. 레드몬드가 느끼는 고통이 경기장을 에워쌌지. 아버지는 도저히 보고만 있을 수 없었는지 관중석에서 벌떡 일어나 트랙으로 달려갔지. 아버지는 레드몬드를 붙잡고 말했어. 이만하면 됐다고, 그만하고 돌아가자고. 하지만 레드몬드는 끝까지 달리고 싶다고 말하며 울먹였어. 아버지는 할 수 없이 그러라고 했지. 하지만 혼자 보낼 수는 없어서 말했어. 그럼 결승선까지 함께 가자고 말이야. 레드몬드는 아버지의 품에 안겨 엉엉 울었지. 그리고 나서 아버지의 손을 꼭 잡았어. 아버지와 레드몬드는 서로를 의지하며, 혼자였으면 절대 갈 수 없었던 결승선을 통과했지.

서훈아,

가족은 말이야. 혼자였으면 절대 갈 수 없는 결승선까지 함께 가라고, 신이 만들어 놓은 선물이 아닐까?

때론 얼굴도 보기 싫고, 때론 존재만으로도 힘이 들지만,

싫고 힘들기 위해 존재하는 건 아닐 거야.

그리고 무엇보다 삶이라는 경주에 가족이 없다면 너무 외롭고 힘이 들

지 않겠어?

싫고 힘들 수 있어. 밉고 싫을 수도 있어.

그런데 꼭 기억해주라.

가족은 네가 아플 때 함께 아파하는 사람들인 걸.

아버지는 네가 아플 때 먼저 뛰어올 사람이란 걸.

그걸 기억하고 있다면 미운 시간도 금방 지나갈 거야.

지나가고 나면 지금을 이야기하며 웃을 수 있을 거야.

#달에서 온 아이
민찬이의
마음 붓

나는 네가 함께하는 행복도 알게 되었으면 좋겠어.

함께하는 건 지우개를 빼앗긴 것처럼 불편하지만,

대신 마음에 그림을 그릴 수 있는 붓을 제공하거든.

**시진** 저는요, 그냥 혼자가 편해요. 일상생활을 하면서 사람들과 함께 있는 게 불편해요. 함께하려고 노력한 적도 있는데 몇 번 상처를 받다 보니 그냥 혼자 있고 싶어요. 그런데 얼마 전부터 한 친구가 나에게 잘해주고 친해지려는 노력을 해요. 저는 마음의 문도 잘 열고 싶지 않고, 그냥 혼자가 편한데, 자꾸 신경이 쓰이네요. 저 같은 사람은 혼자서 일상을 행복하게 살면 되는 거 아닐까요?

시진아,

충분히 그럴 수 있다고 생각해.

마음의 문이 한 번 닫히고 나면

저절로 여러 개의 자물쇠가 채워지거든.

그래서 일상생활에서조차 잘 열리지 않을 수 있어.

하지만 그래도 그 친구의 진심은 받아주는 게 좋지 않을까?

혼자 있는 것보다 불편하더라도 말이야.

우리는 사회에 살고 있고,

사회는 더불어 함께여야 하는 곳이니까.

〈영재발굴단〉이라는 TV 프로그램에 나온 아이 중에 민찬이라는 아이가 있어. 그 아이는 스스로 달에서 온 아이라고 말해. 지구에는 왜 왔냐고 물으니까 엄마가 불러서 왔다고 대답했지. 귀엽지? 얼굴도 참 귀엽게 생긴, 여덟 살 난 남자아이였어. 그 아이의 그림은 정말 영재라는 걸 알게 해줄 정도로 뛰어났지.

두 돌 무렵부터 그림을 그리고 여섯 살 때부터 작업한 작품들만 2,000여점이 넘었어. 민찬이는 붓 대신 손과 발을 사용해서 그림을 그리지. 민찬이는 자신을 '마음으로 그림을 그리는 사람'이라고 표현하는데, 민찬이의 그림을 본 사람들은 다 그 말에 동의했지. 왠지 모르게 마음에 울림을 주는 그림이라는 거야. 그림뿐만 아니라 제목도 마음을 울렸지. '너는 왜 거기에 피어 있니 왜 그래서 아파하니', '이제는 기억나요', '마음의 붓으로 그렸어요' 등이 민찬이가 직접 정한 제목이었거든. 특히 민찬이의 작품 중에는 세월호 관련 작품들 많은데, 그중 눈에 띄는 건 높이 6미터의 설치 작품이야. 하늘로 올라가는 문을 만들고, '하늘로 올라가서 행복하게 살았으면 좋겠어요. 바다에 빠진 거라 생각하지 마세요. 바다가 안아주는 거라 생각하세요.'라는 글도 남겼지. 이렇게 얘기만 들어도 정말 그림 영재라는 걸 인정할 수 있겠지? 그런데 이런 민찬이가 그림을 중단하는 일이 생겼어. 사람들에게 그림을 보여주고 싶은 마음에 전시회를 열었는데, 전시회에서 사람들의 부정적인 말을 듣게 된 거야. 진짜 아이가 그린 게 아닐 거라며, 누가 손을 대줬을 거라고 말했거든. 그 말이 민찬이에게 큰 상처가 되었나 봐. 그 이후로 그림을 그리지도 않고 설치 작품을 만들지 않았지. 그런 민찬이가 안쓰러운 마음에, 제작진들이 삼촌과 이모가 되어 주었어. 하루 이틀이 아니라 무려 세 계절이 지나가는 동안 민찬이와 놀아주고 함께해주었지. 그러던 어느 날, 굳게 잠겨 있던 민찬이의 마음 문이 열렸어. 민찬이는 다시 그림을 그렸지. 민찬이는 말했어. "삼촌, 이모가 나의 마음을 열었어요. 그건 놀라운 마음이었어요."라고 말이야.

시진아,

민찬이도 상처받고 나서는 오히려 혼자가 더 편하지 않았을까? 하지만 마음의 문이 닫히면 마음으로 그리는 작업도 할 수 없다는 걸 알게 되었 겠지. 우리는 함께 살아야 해서, 상처도 받아.

나는 어른이 되었는데도 상처를 받는걸.

그래서 아무도 만나고 싶지 않고,

특히 일상에서는 나 혼자 생활하고 싶다는 생각도 많이 해.

그런데 말이야.

우리가 무인도에 떨어진 사람도 아닌데, 혼자서만 살 수는 없는 거잖아.

그건 너도 알고 있지 않아?

민찬이는 다시 마음의 문을 열기까지 9개월이 넘게 걸렸대.

너도 그 친구에게 오랜 시간 후에 마음이 열릴 수도 있어.

그러니까 재촉하지는 말자. 대신, 천천히, 하루하루 지내보는 거야.

마음의 자물쇠는 하루아침에 열리는 게 아니라,

조금씩 열릴 준비를 하다가 그 준비가 다 끝나야 열리는 거거든.

그 준비는 사람마다 달라서 언제라도 딱 말해줄 수는 없지만,

네 마음의 문도 언젠가는 열릴 거야. 그날이 올 거라는 걸 믿고, 다시는 열지 않을 거라고 단정 짓지 말고, 지내보자.


나는 네가 함께하는 행복도 알게 되었으면 좋겠어.

함께하는 건 지우개를 빼앗긴 것처럼 불편하지만,

대신 마음에 그림을 그릴 수 있는 붓을 제공하거든.

#카페인 우울증

SNS에서 보이는 모습이 일부일까, 전부일까?

물론 일부일 거라고?

그래, 우리는 거기서 답을 찾아야 해.

전부가 아니라 일부라는 것 말이야,

그건 보이는 게 전부가 아니라는 말도 되는 거잖아.

**하나** 작가님, 저는 SNS를 좋아해요. 그렇다고 중독까지는 아니고요. 공부하다가 지칠 때, 일상에서 힘들 때 페이스북이나 인스타를 하면 조금 쉬는 것 같고 좋아요. 그런데 요즘은요. SNS를 하며 마음이 힘들어지기도 하네요. 다 잘살고 있는데 나만 우울한가? 나만 힘든가? 이런 생각이 들어서요. 내가 너무 힘들어서 그런가, 나만 힘든 것 같으니, 더 힘드네요.


하나야,

네 질문을 들으니 가슴이 아프다.

쉴 시간이 없고,

쉬어도 쉰 거 같지 않은 일상 속에 있으니

SNS가 쉼이 된다는 것 같아서….

그건 어른들과 사회가 잘못한 일 같아서 미안한 맘이 드네.

미안해, 정말.

그런 네가 SNS를 보면서 힘든 마음이 든다니

네 삶 속에서 유일한 쉼이 사라졌다고 하는 것 같아

그것도 마음이 아프다.

그런데 말이야.

하나처럼 요즘 SNS를 하며 마음이 더 힘들어진다는 사람들이 많아.

이유도 같아.

다 잘 먹고 잘사는 모습만 보니,

자신만 안 그런 것 같아서 힘들다는 말을 하지.

보는 것대로 생각하게 되는 거야.

카페인 우울증이란 말이 생겼는데, 혹시 알고 있어? 카페인이라고 하니까 커피나 콜라가 생각나지? 그런데 그 카페인은 그 카페인이 아니야. 카카오스토리, 페이스북, 인스타그램의 앞 글자를 딴 줄임말 '카페인'이야. 카페인 우울증은 SNS에 나타난 타인의 삶과 자신의 삶을 비교하면서 찾아오는 우울증을 말해. SNS를 보면서 한숨을 쉰다거나 우울한 마음이 든다면 '카페인 우울증'을 의심해봐야 해. 블로그만 있었던 시절에는 블로거들보다 전문적이지 않은 것만 속상했는데, 페이스북을 보니 다 잘살고 있는데 자신만 못 살고 있는 것 같아 속상해지지. 인스타그램에서는 다들 잘 먹고 있는데, 나만 잘 못 먹는 거 같잖아. 카카오스토리에서는 가족의 모습이 많이 등장해서, 매일 행복한 가족만 있는 것 같은 느낌이 든대. 이렇게 SNS를 하다 보면 나만 빼고 다 잘사는 것 같고, 나만 불행한 것 같은 느낌이 들어 '카페인 우울증'이라는 말이 생긴 거지.

하나야,
카페인 우울증이란 말이 생긴 걸 보면
너뿐만이 아니라 아주 많은 사람들이 너 같은 기분을 느낀다는 거겠지?
하나야, 그렇다면 하나만 생각해보자.
SNS에서 보이는 모습이 일부일까, 전부일까?
물론 일부일 거라고?
그래, 우리는 거기서 답을 찾아야 해.
전부가 아니라 일부라는 것 말이야,
그건 보이는 게 전부가 아니라는 말도 되는 거잖아.
평화로운 해변의 모습을 찍어서 올렸지만,

뒤돌아서 보면 사람들이 버린 쓰레기가 있기도 하잖아.

예쁜 잔에 담긴 커피를 찍어서 올렸지만,

사실은 배가 고파서 커피는 하나도 반갑지 않았을 수도 있잖아.


너도 마음이 힘들지만,

하나하나 잘 기억해보면 웃을 일이 하나도 없었던 건 아니잖아.

내가 너에게 글을 쓰면서

사실은 너의 마음에 닿기 위해 노력하며 힘들지만,

네가 하나라서 하나라는 단어가 나올 때마다 피식 웃게 되는 것처럼.

일부를 보고 전부라고 말하지 말자.

일부를 보고 판단하거나 단정 짓지 말자.

타인의 삶에 대해서도.

너의 삶에 대해서도.

그거 하나만 기억해줘, 소중한 하나야. ^^

# #캔커피 다섯 개의 따뜻함

아주 작은 마음과 정성이라도 괜찮아.

그러면 네 주위 사람들이 아주 따뜻한 감동으로 받을 거야.

감동은 크기보다 온도가 중요한 걸지도 모르니까.

어쩌면 너라는 존재 자체가 제일 큰 감동이니까.

경일 쌤, 저는요. 일상생활 속에서 큰 감동을 주는 사람이 되고 싶어요. 부모님에게도, 친구들에게도, 이웃에게도 그런 사람이라면 얼마나 좋을까요? 생각만 해도 기분이 좋아요. 그런데 어떻게 그런 사람이 되는지 잘 모르겠어요.


ㅎㅎ

사람들이 '중2병'이라는 말을 하잖아.

그 말이 널 보니까 이해가 돼.

정말 중2는 귀여움이 터지는 병을 가지고 있는 것 같아.

너무 귀여워.

아, 혹시 귀엽다는 말이 너무 싫은 거 아니지?

그렇다면 미안해.

그런데 정말 귀여운 걸 어떡해.

귀여운 만큼

큰 감동을 주는 사람이 되고 싶다는 네 마음도 너무 예쁘고.

쌤이 너에게 도움이 될 만한 이야기가 뭐가 있을까

곰곰이 생각해보고 말해줄게.


아, 생각났다.

2016년 12월에 울산의 어느 파출소에서 있었던 일이야. 어떤 초등학생 두 명이 파출소 앞에서 한참을 서성거리는 거야. 서로 "네가 들어가!", "아니야, 네가 들어가. 나는 부끄러워." 하면서 말이야. 그러다가 경찰 아저씨가 나오면 놀라서 옆으로 숨기도 하고, 그러다가 또 티격태격하며 서로 들어가라고 하면서도, 둘 다 들어가지 못하고 서성거렸지. 그 모습을 발견한 한 경찰 아저씨가 가서 묻기 전까지 말이야.

경찰 아저씨가 두 아이에게 다가가서 물었어. "너희들 여기서 뭐하고 있니?"라고 말이야. 두 아이는 부끄러워하며 파출소에 온 이유를 말했고, 아저씨는 환하게 웃으며 두 아이를 데리고 들어갔지. 경찰 아저씨들이 쳐다보자, 얼굴이 붉어진 아이들은 비닐봉지 하나를 내밀었어. 그리고 모기가 윙윙거리는 소리처럼 작은 목소리로 말했지. "이거 드세요."라고 말이야. 그게 무슨 말이냐고? 비닐봉지 안에는 캔커피 다섯 개가 들어 있었거든. 등굣길 교통사고 예방을 위해 수고하시는 경찰 아저씨들을 위해, 용돈을 모아서 사 온 캔커피 다섯 개가 말이야.


경일아, 어때?

그 아이들, 너무 귀엽지?

아마 쌤이 너에게 느낀 귀여움과 비슷한 크기일걸?

그리고 감동도 느꼈어?

나도 느꼈는데!

그럼 너도 나에게 질문했으니 나도 질문 하나만 할게.

그 아이들이 준 감동이 커? 작아?

잘 모르겠어?

나도 크기는 잘 모르겠어.

아주 사소한 감동인 것 같기도 하고,

아이들의 입장에서 보면 아주 큰 감동을 선물한 것 같기도 하고….

경일아,

혹시 감동의 크기는 없지 않을까?

있다고 해도 크기는 별로 중요한 게 아니지 않을까?

마음으로 정성과 최선을 다한 감동을 전했는데

그 크기를 어떻게 잴 수 있겠어.

아주 작은 마음과 정성이라도 괜찮아.

그러면 네 주위 사람들이 아주 따뜻한 감동으로 받을 거야.

감동은 크기보다 온도가 중요한 걸지도 모르니까.

어쩌면 너라는 존재 자체가 제일 큰 감동이니까.

#마음 성장을 위한 영양분

우리의 삶에 선택과 책임이라는 건,

화초를 키울 때 거름과 같은 역할을 하는 것 같다고.

거름은 화초에 영양을 주고 더 잘 자라게 해주잖아.

그런데 거름을 직접 보면 엄청 부담스럽거든. ^^


선택과 책임도 그런 것 같아.

자칫 부담스러워 보이지만

사실은 우리를 더 잘 자라게 하는 영양분이 되잖아.

대한 엄마는 내가 나이가 들수록 내가 선택하고 책임져야 할 일이 많아지는 게 당연한 거래요. 하지만 선택하고 책임지는 일이 많아지면 너무 부담이 될까 봐 두려워요. 저는 친구들하고도 잘 어울리는데, 저의 책임이 늘어나면 지금처럼 밝게 잘 어울리지 못할 수도 있잖아요. 선택도 어렵고 책임도 어렵네요. ㅠㅠ


대한이 말이 맞아.

선택도 어렵고 책임도 어렵지.

내가 선택하기 어려워할 때 한 선배가 나에게 그러더라.

"선택은 1대 99가 아니라, 49대 50이야.

너무 어렵게 생각하지 마."

그 말을 듣고 엄청 힘이 나긴 했는데,

겨우 1퍼센트 차이라고 해도

그 선택의 책임은 내 몫이니 쉬운 일은 아니지.

그런데 선택하지 않고 살 수는 없잖아.

아무 책임 없이 살 수도 없지.

내가 괜히 더 우울한 말만 하는 건 아닌지 모르겠다.

그렇다면 미안해.

하지만 한 가지, 즐거운 소식도 전할 거니까 이해해줘.

그게 뭐냐면

네 질문처럼 선택하고 책임진다고 더 우울해지진 않는다는 거야.

오히려 더 기쁘고 밝게 생활할 수 있었다는, 실험 결과가 있어.

한 요양원의 노인들을 대상으로 화초를 키우는 실험을 진행했어. 요양원 노인들을 두 그룹으로 나눈 다음, 한 그룹에게는 '선택권'과 '책임'을 부여했지. 손님을 어떤 장소에서 맞을 건지, 영화를 언제 볼 것인지 등의 선택권을 주었고, 화초를 책임지고 키우게 한 거야. 화초에 물을 얼마나 줄지, 어디서 빛을 받게 할지도 스스로 결정하게 했지.

그리고 다른 한 그룹의 노인들에게는 똑같이 화초를 주었지만, '선택권'과 '책임'은 주지 않았어. 간호사가 화초를 돌볼 것이라고 말했지. 손님 맞이, 영화 관람 등의 선택을 할 때도 직원들이 도와줄 거라고 말했어. 그리고 그 외에 다른 생활 조건에는 차이가 생기지 않도록 신경을 썼지. 실험을 시작하기 전에는 행동 평가와 정서 평가, 건강검진을 실시했고, 실험은 3주간 계속되었어. 실험을 마친 후, 다시 행동 평가와 정서 평가를 실시했지. 사람들은 '선택권'과 '책임'을 부여한 그룹이 부담을 느껴 더욱 소극적으로 행동했을 거라고 예상했어. 하지만 그 예상과 전혀 다른 결과가 나왔지. 실험 기간 동안 더 많은 선택을 하고 책임을 맡았던 노인들이 더 적극적인 것으로 평가되었어. 게다가 훨씬 더 활동적이고 사교적이었다는 평가가 나왔지. 건강 상태도 많이 달라졌어. 선택권과 책임을 가진 집단의 건강 상태는 모두 좋아졌지. 하지만 다른 집단은 건강이 오히려 악화되었어.

대한아, 어때?
선택을 하고 책임을 진다고, 우울해지지는 않았지?
오히려 더욱 적극적이고 밝아졌잖아.
나는 이 실험 결과를 보며 이런 생각이 들더라.

우리의 삶에 선택과 책임이라는 건,

화초를 키울 때 거름과 같은 역할을 하는 것 같다고.

거름은 화초에 영양을 주고 더 잘 자라게 해주잖아.

그런데 거름을 직접 보면 엄청 부담스럽거든. ^^

선택과 책임도 그런 것 같아.

자칫 부담스러워 보이지만 사실은 우리를 더 잘 자라게 하는 영양분이 되잖아.

그러고 보면 말이야.

우리가 선택이라는 말을 모를 때도 우리는 선택을 했다.

넘어지면 일어났고, 갖고 싶은 장난감이 있으면 울며 떼를 썼잖아.

그런 것도 다 선택한 거지, 뭐. ㅎㅎ

걱정하지 마. 넌 여전히 밝고 건강할 거야.

지금처럼 친구들과 잘 어울리고 많이 웃을 거야.

그리고 지금처럼 선택과 책임도 잘 섭취하면서 잘 자랄 거야.

#눈 딱 감고 다정해보기

뭐 그럴 때도 있어야지.

마음이라고 뭐, 매번 생얼을 보여주고 싶겠니?

그냥 네가 틴트 없이는 외출할 수 없는 거라고 생각해줘.

하지만 마음은 생얼이 제일 예쁜 녀석이라,

곧 다시 생얼로 나올 거야.

사랑이 변한 건 아니니까.

엄마랑 사이좋게 지내고 싶은데요. 그게 잘 안 돼요. 마음은 그렇지 않은데 자꾸 짜증스럽게 말하게 되고요. 엄마는 내가 사춘기라 변했다고 하고, 나는 엄마가 갱년기라 변했다고 하면서 매일 으르렁대요.


사춘기라 변하고

갱년기라 변하고… 흑, 둘 다 넘 슬픈 거 아니야?

"사랑이 어떻게 변하니?"라는 영화 〈봄날〉의 명대사가 생각나서,

웃음이 나기도 하고…. 그러고 보니 웃프네.


서주야,

엄마도 너도 변한 건 아닐 거야.

사랑이 어떻게 변하니? ㅎㅎ

마음이 있는 그대로 표현되는 시기가 아닐 뿐이야.

뭐 그럴 때도 있어야지.

마음이라고 뭐, 매번 생얼을 보여주고 싶겠니?

그냥 네가 틴트 없이는 외출할 수 없는 거라고 생각해줘.

하지만 마음은 생얼이 제일 예쁜 녀석이라, 곧 다시 생얼로 나올 거야.

사랑이 변한 건 아니니까.

쌤은 말이야. 엄마랑 딸의 이야기가 나오거나,

그것에 관련된 상담을 하면 꼭 생각나는 문자메시지가 있어.


"미안하다. 가방이랑 신발 못 전하겠어. 돈가스도 해주려고 했는데… 미

안, 내 딸아 사랑한다."

이런 내용의 문자 메시지야. 이 문자 메시지는 2003년 2월 18일 오전 9시 53분에 일어난 대구 지하철 참사 이후에 발견되었어. 대구 지하철 참사는 알아? 대구 지하철 1호선 중앙로역에서 발생된 화재사고야. 당시 56세였던 김대한이라는 정신지체 장애인의 석유통 방화가 원인 이었지. 김대한은 자신의 삶을 비관하다가 자살을 시도한 거야. 그는 1079호 지하철을 탄 뒤 경로석에 앉아 있다가 성내동 중앙로역에서 열차가 서행하는 틈을 이용해 미리 들고 있던 석유 플라스틱 통에 불을 붙이고 바닥에 던져 화재를 일으켰지. 그런데 정작 본인은 불이 치솟으니 겁이 나서 탈출했어.

당시 1079호는 중앙로역에 정차 중이었고 많은 승객들이 열려 있던 출입문을 통해 대피할 수 있었어. 하지만 정상 운행 중이던 1080호가 중앙로역 반대편 선로에 정차하고 말았어. 물론 기관사가 출입문을 열어 줬지만 마스터 콘트롤 키를 뽑고 탈출하는 바람에 출입문이 자동으로 닫혔지. 그래서 화재가 일어난 1079호에 비해 훨씬 많은 사람들이 다치고, 목숨을 잃었어. 결국 총 192명이 사망하고 148명이 부상을 입었어. 지금 다시 생각해도 너무 가슴 아픈 사건이지. 그 사건 이후에, 희생자들의 문자 메시지가 화재가 되었어. 그 메시지 중에는 자신의 가족에게 전한 것이 많았지. 어느 메시지 하나 빼놓을 것 없이 가슴 아픈 내용이었어. 그중에서도 아까 말한 메시지가 제일 기억에 남아. 엄마가 딸에게 보낸 메시지였어. 딸이 사춘기라서 그런지 매일 서로 짜증내며 말다툼을 했대. 사고가 난 그날도 딸과 싸우고 나왔어. 마음과 다르게 뱉은 말이 후회가 되었나 봐. 그래서 딸의 가방과 신발을 사고, 돈가스를 해줄

재료도 샀지. 집에 들어가서 오늘 만큼은 싸우지 말고 사이좋게 지내야
지, 생각했었던 거야. 돈가스를 맛있게 먹는 딸의 모습을 상상하며 지하
철에 올라탔겠지. 그리고 문자 메시지를 보냈는데, 그 지하철이 하필 참
사가 일어난 그 지하철이었지.


서주야,

괜히 너무 가슴 아픈 이야기를 해서 네 마음이 더 우울해진 건 아닌지
모르겠네. 엄마와 사이가 안 좋은 건, 충분히 그럴 수 있다고 생각해.

하지만 그런 시기가 있는 거지, 영원히 그런 건 아니니까.

네 말대로 마음은 그렇지 않다면 눈 한 번 꼭 감고 조금만 더 다정하게
말해봐. 그리고 다시 눈을 뜨면 발견하게 될걸.

생얼도 참 예쁜 네 마음을 말이야.

그리고 한 가지만 더!

나는 네가 부러워. 우리 엄마는 돌아가셨거든.

그래서 엄마랑 티격태격하는 것도 그저 부러워.

아마 이 책을 읽는 친구들 중에도 엄마가 계시지 않은 친구들이 꽤 있을
거야. 그 친구들도 나처럼 네가 부러울 거야.

우리들의 부러움을 사는 너니까,

그리고 함께하는 시간이 언제 끝나게 될지는 아무도 모르는 거니까,

네가 눈 한번 꼭 감고 다정해지길 바랄게.

네가 갱년기가 될 때까지, 아니 노년기가 될 때까지

엄마랑 함께 웃는 날이 많았으면 좋겠어.

#나를 존중하는 한 가지 방법

욕을 하면 안 되는 이유는,

상대방보다 네 귀가 먼저 듣고 네 마음에게 전달하기 때문이야.

그러니까 네가 제일 먼저 상처받는 거야.

**민규** 학교에서 친구들이 욕을 많이 해요. 그러다 보니 저도 자연스럽게 욕을 배우게 되었어요. 저도 처음에는 나쁘다고 생각했지만, 지금은 잘 모르겠어요. 그런데 선생님도 엄마도 나쁘다고 해요. 정말 욕은 나쁜 건가요?


쌤은 욕을 잘하는 형들을 많이 만나.
학교에 적응하기 힘들거나
학교를 다니지 않는 형들과 일주일에 한 번씩 만나며
상담을 하고 이야기를 나누거든.
그 형들에게 쌤은 욕이 나쁜 거라고 단정 지어 얘기하지는 않아.
하지만 욕을 하면 안 되는 이유는 분명히 있다고 말해.
뭐냐고? 그건 이야기를 통해서 말해줄게.

얼마 전에 있었던 일이야. 우리 동네 초등학교 근처에서 남자아이들이 싸우는 장면을 목격했어. 처음에는 신경 쓰지 않으려고 했는데, 어른들이 싸우는 것보다 더 심하게 욕이 오가는데 가만히 있을 수가 없더라. 그래서 그 아이들에게 가서 말했어.
"아줌마가 상황을 보니까 네가 엄청 화났을 거 같아. 아줌마 같아도 엄청 화가 났을 거야. 그런데 네가 하는 욕은 엄청 나쁜 뜻으로 만들어진 거야. 그리고 더 무서운 게 뭔지 알아?" 그 아이들 중에서 가장 욕을 많이 했던 아이가 고개를 끄덕였어. 나는 계속 이어서 말했지. "그 무시무시한 욕을 넌 친구에게 한다고 생각하지만 사실 네가 먼저 듣는 거야.

네 귀가 네 마음으로 제일 먼저 전달하거든. 그럼 네 마음이 제일 먼저 다치는 거야. 그리고 지금부터 욕으로 사람을 누르면 어른 될 때까지 그 버릇이 잘 안 고쳐질 수도 있어. 너도 어른들에게 그 욕을 배웠을걸? 네가 보았던, 그런 욕을 하는 어른들이 보기 좋았어?" 아이는 고개를 저었고, 나는 계속 이어서 말했어.

"우린 정정당당히 싸우자. 나쁜 말을 해서 힘 세 보이려고 하지 말고, 친구가 뭘 잘못했는지 네가 얼마나 속상한지 잘 설명해보자. 아줌마가 욕을 엄청 잘하는 형들하고 친한데, 그 형들이 커 보니 그거 진짜 별로래. 넌 크기 전에 별로라는 걸 알았으면 좋겠어."

아이는 고개를 끄덕였고, 나는 아이와 악수를 하고 헤어졌어.


민규야,

쌤의 이야기 속에 답이 있었지?

다시 정리해서 말해줄게.

욕을 하면 안 되는 이유는,

상대방보다 네 귀가 먼저 듣고

네 마음에게 전달하기 때문이야.

그러니까 네가 제일 먼저 상처받는 거야.

그리고 그런 말로 힘이 세 보이는 건 진짜 별로야.

비겁한 반칙 같은 거지.

친구와 싸우는 일이 생긴다면 정정당당하게 싸워야 해.

그리고 지금 그렇게 버릇이 들면

어른이 될 때까지 잘 안 고쳐질 수도 있어.

그렇게 싸우는 어른들, 정말 싫잖아.

우리, 좋은 말을 더 많이 하도록 노력해보자.

무엇보다 네 귀가 듣고,

네 마음이 먼저 즐거울 수 있게.

# #〈어바웃 타임〉이 가르쳐준 '지금'의 소중함

〈어바웃 타임〉이란 영화에서 말이야, 이런 말이 나와.

"인생은 모두가 함께하는 시간 여행이다. 매일매일 사는 동안, 우리가 할 수 있는 최선을 다해 이 멋진 시간을 만끽하는 것이다. 매일매일 열심히 사는 것, 마치 그날이 내 특별한 삶의 마지막인 듯이…."

**서현** 쌤, 저는요, 진짜 시간을 되돌릴 수 있었으면 좋겠어요. 지난 기말고사를 엄청 망쳤거든요. 진짜 그렇게 망치면 안 되는 거였는데, 망쳐가지고요. 자꾸 생각나요. ㅠㅠ 기말고사 전으로 돌릴 수 있다면 진짜 잘 할 수 있을 거 같아요. 엄청 유치하지만 진짜 그때로 돌아갈 수 있었으면 좋겠어요.

ㅎㅎ 귀여운 서현이. ^^

쌤도 그런 생각 자주 해.

그런데 시간을 정말 돌릴 수 있을까?

아니, 돌릴 수 있다면 정말 다시 잘 할 수 있을까?

〈어바웃 타임〉이란 영화가 있어. 거기에 팀이라는 남자가 나와. 평범하지만 멋있는 남자지. '돔놀 글리슨'이란 배우가 그 배역을 맡았는데, 한번 검색해봐. 어쩌면 반할지도 몰라. ㅎㅎ 다시 영화 이야기로 돌아가서 말이야, 팀이 성인이 되었을 때 아빠가 아주 큰 비밀을 알려줘. 그 집안의 남자들은 아주 특별한 능력이 있다는 거야.

그 능력은, 혼자만의 공간에 들어가서 다시 돌아가고 싶은 시점을 상상하면 그 시점으로 진짜 돌아갈 수 있는 초능력이야. 정말 믿을 수 없는 능력이지? 팀도 처음에는 믿을 수 없었어. 그러다가 설마 진짜 그럴까 싶은 심정으로 한번 시도해보았어. 그런데 진짜 돌아갈 수 있는 거야. 처음에 팀은 어리둥절했지만, 곧 그 능력이 무척 좋아졌어. 실수를 하면 되돌릴 수 있었고, 행복했던 순간은 다시 한 번 더 겪을 수 있었으니까.

그런데 말이야, 점점 그 능력이 결코 좋은 것만은 아니라는 걸 알아버려. 런던에서 메리라는 여자에게 반하게 되는데, 함께 사는 연출가를 돕기 위해 과거로 돌아가니 메리를 만난 사실이 없어진 거야. 또 한번은 팀의 여동생이 자동차 사고로 크게 다치게 되어서 그 이전으로 돌아갔지. 그런데 그때 팀에게는 한 살짜리 딸이 있었는데, 다시 돌아온 미래에는 아들이 되어 있었어. 팀은 알게 되었지. 다시 돌아가서 해결하고 싶은 문제는 해결할 수 있었지만, 또 다른 문제가 생길 수 있다는 걸. 그리고 나서 팀은 마지막으로 두 번 더 과거로 돌아가.

한 번은 돌아가신 아버지와 마지막으로 탁구 시합을 했던 날이야. 팀은 일부러 아버지가 이길 수 있도록 시합을 하고, 아버지에게 돌아가고 싶은 순간이 있냐고 물어. 아버지는 아들의 어린 시절로 돌아가 함께 산책을 하고 싶다고 말하지. 팀은 아버지의 바람대로 자신의 어린 시절로 돌아가 함께 바닷가를 산책해. 그러면서 알게 되지. 과거로 돌아가는 것보다 지금 이 순간에 집중하는 것이 더 행복한 일이라는 걸.


서현아,
쌤도 정말 돌아가고 싶은 순간이 있었어.
그런데 다시 돌아가고 싶은 순간조차 추억이 된 지금이 더 좋아.
딱 한 번 돌아갈 수 있다면,
하늘로 떠난 엄마에게 사랑한다 말할 수 있는 시간이 있었으면 좋겠어.
하지만 그건 불가능한 일이니까 지금 이 순간에 만족하며 살고 싶어.
기말고사를 망치고 속상한 네 맘이 느껴져서 쌤도 속상해.
하지만 뒤돌아서 후회하기보다는 앞을 보며 걸어가자.

앞으로 또 시험이 다가올 때에 조금 덜 후회할 수 있도록
조금 더 열심히 해보자.

아까 말했던 〈어바웃 타임〉이란 영화에서 말이야, 이런 말이 나와.

"인생은 모두가 함께하는 시간 여행이다. 매일매일 사는 동안, 우리가
할 수 있는 최선을 다해 이 멋진 시간을 만끽하는 것이다. 매일매일 열
심히 사는 것, 마치 그날이 내 특별한 삶의 마지막인 듯이……."

#적절한 변화구로
전하는 감동의 말

모든 사람들이 다 멋지다고 하는 말은 없어.

아무리 유명한 명언도 모두를 감동시킬 수는 없거든.

상황에 맞게, 정말 그 말이 필요한 사람들을 감동시킬 수 있는 말이라면

되는 거 아닐까?

요즘은 어록이 인기잖아요. 연예인도 정치인도 멋진 말 많이 하고요. 작가님 어록도 페이스북에서 봤어요. ^^ 저도 일상생활에서 그렇게 멋진 말(?) 혹은 지혜로운 말(?)을 하고 싶은데, 그런 건 도대체 어떻게 하나요?


갑자기 내 어록 이야기를 해서 몹시 부끄럽지만
부끄러운 마음을 감추고 답을 해보겠어! ㅎㅎ
맞아,
멋진 말, 지혜로운 말 하는 사람들이 많지.
나도 페이스북이나 인스타그램에 떠돌아다니는
어록들을 보며 "어떻게 저렇게 말을 하지?"하며 놀랄 때가 많아.
음… 그런 말은 어떻게 할 수 있을까?
내 생각에는 말이야,
돌직구보다는 변화구를 적절히 구사할 수 있어야 할 거 같아.


허준호라는 배우가 말이야. 2005년에 뮤지컬 홍보차 일본에 방문했어. 당시에 허준호가 출연했던 〈올인〉이라는 드라마가 일본에서 방영되었기 때문에 허준호의 방문은 많은 관심을 받았지. 기자회견을 하는데 많은 인파가 몰렸어. 허준호는 많은 기자들의 질문에 차분하게 잘 대답을 했어. 그런데 어느 기자 한 명이 아주 민감한 외교 사안에 대해 질문을 하는 거야. "최근 한일 간에 독도 문제가 큰 이슈가 되고 있는데요, 거기에 대해 대한민국의 스타로서 어떤 견해를 가지고 있으신지 궁금하네요?"

라고 말이야. 통역관이 이 질문을 전해주자, 허준호는 물론이고 함께 참여한 배우들조차 당황한 표정이었지. 질문을 했던 기자는 허준호가 당황하는 말과 표정을 포착해 기사를 작성하려고 했어. 하지만 허준호는 그 틈을 주지 않고 자리에서 일어났지. 그리고 그 기자 앞으로 성큼성큼 걸어갔어. 기자회견장에 있었던 모든 사람들의 시선이 허준호에게 쏠렸지. 허준호는 그 기자 앞에 서서 황당한 행동을 했어. 그 기자의 볼펜을 확 빼앗더니 물었지.

"기분이 어떠세요?"

기자는 허준호의 뜻을 눈치채고는 말했어.

"미안합니다. 볼펜을 돌려주세요."

이를 지켜본 한국 사람들은 허준호를 향해 엄지손가락을 치켜세웠지.

지수야, 진짜 멋지지 않아?
독도를 자기네 땅이라고 우기는 일본을, 기자의 볼펜을 빼앗은 자신에게 비유하다니….
어떻게 그런 생각을 했을까?
나 같으면 "독도는 우리 땅입니다. 한 번만 더 우기면 가만히 있지 않을 거예요!"하고
화를 냈을 거 같은데 말이야. ㅎㅎ

멋진 말이나 지혜로운 말을 하는 건 이런 게 아닐까?

자신의 감정대로 돌직구를 던지는 게 아니라,

상황에 따라 적절한 변화구를 던질 수 있는 것!

한 번에 되지는 않을 거야.

무수히 생각하고 노력하다 보면 몇 번 성공할 수 있겠지.

그러다가 성공 확률이 늘어날 거고 말이야.

왜냐하면 모든 말이 다 멋지거나 지혜로울 수는 없잖아.

그리고 모든 사람들이 다 멋지다고 하는 말은 없어.

아무리 유명한 명언도 모두를 감동시킬 수는 없거든.

상황에 맞게, 정말 그 말이 필요한 사람들을 감동시킬 수 있는 말이라

면 되는 거 아닐까?

그럼 우리도 대화를 할 때 말하고 생각하지 말고 생각하고 말해보자.

그러다 보면 생각이 담긴 멋진 말, 몇 개를 건질 수 있을 거야.

그럼 다음에는 그 몇 개를 나누며, 서로 칭찬해주지, 뭐.

"오, 참 지혜로운데?" 하면서 말이야. ^^

#이기지 않아도
괜찮아지기

이기면 기분이 좋은 건 당연해. 지면 슬픈 것도 당연해.

하지만 스포츠에서는 그것만 느끼고 배울 수 있는 게 아니야.

더 약한 사람에게 양보하고, 정정당당하게 승부를 겨루고,

함께 땀을 흘리며 팀워크를 배우지.

그러면서 꼭 이기지 않아도 기쁨을 느낄 수 있는 거야.

누군가를 좋아할 때 어떤 점만 좋은 게 아니라, 그 사람의 모든 게 좋은

것처럼 말이야.

선규 저는 스포츠를 좋아해요. 농구나 축구, 뭐 공을 가지고 하는 건 다 좋아요. 그런데 이기지 않으면 재미가 없어요. 꼭 이기고 싶고, 이겨야 좋아요. 아빠는 그런 저를 보고, 진짜 스포츠를 좋아하는 게 아니래요. 꼭 이기지 않아도 좋아해야 진짜 좋아하는 거라고요. 그런데 경기는 이기려고 하는 거 아니에요? 이겨야만 좋은 건 이상한 거에요?


ㅎㅎ 아니. 이상하지 않아.

하지만 이기지 않아도 좋으면 더 좋지 않을까?

경기를 할 때는 꼭 이기지 않아도 배울 수 있는 게 많아.

이기는 것보다 더 멋지게 질 수도 있는 걸?

어떻게 그러냐고?

이야기해줄게. 잘 들어봐.


얼마 전에 미국 캘리포니아 주에서 청소년 농구경기가 열렸어. 트리니티 클래시컬 아카데미와 데저트 채플 고등학교의 남자 농구 지역 결승전 이었지. 경기 종료가 얼마 남지 않은 상황이었고 트리니티 아카데미가 23점이나 앞서 있었어. 트리니티는 자폐증을 앓는 농구부원 베우 하월에게 기회를 주기 위해 그를 교체 선수로 내보냈어. 그리고 동료 동료 선수들은 하월만을 위한 나머지 경기를 이어갔어.

하월에게 슛을 하라고 패스해주고 또 패스해줬지만 하월은 골을 넣지 못했지. 참 안타까운 상황이었는데 종료 40초를 앞두고, 호루라기가 울렸어. 데저트 채플에게 공격권이 주어진 거야. 데저트 채플은 작전타임을 요청했고, 머리를 맞대고 한참이나 작전을 짜는 듯했지. 그리고 경기가 재개되었어. 트리니티 선수들은 데저트 채플이 바로 공격을 해올 거라 생각하고 긴장을 하고 있었지. 그런데 데저트 채플 선수들의 행동이 이상했어. 한 선수가 트리니티 팀에게 '잠깐 멈추라'는 제스처를 보인 뒤 멀찍이 떨어져 있던 하월을 불렀어. 이어 하월에게 공을 건넨 뒤 좀 더 가까이 가서 슛을 쏘라고 했어. 하지만 하월은 두 차례 슛을 다 실패했어. 그러자 트리니티의 선수는 하월을 림 바로 아래까지 안내하고, 다시 슛을 쏘라고 말했지. 마침내 성공!

하월은 세 번 만에 슛을 성공했어. 하월은 두 팔을 번쩍 치켜들며 환호했어. 이어 동료를 끌어안고 한참 동안 기쁨을 만끽했고, 모든 선수들이 그를 에워싸고 축하해줬지. 관중석의 학생들은 물론 트리니티와 데저트 채플, 모든 선수들은 그 감동에 빠져들었어. 데저트 채플의 코치를 비롯한 스태프들도 벤치에서 일어나 박수를 보냈지. 결국 데저트 채플은 경기에서 졌지만, 사실 그 날의 경기에서 승부는 상관없었어. 하월의 성공은 모두의 성공이었고, 모두의 승리였지.


선규야,
이기면 기분이 좋은 건 당연해. 지면 슬픈 것도 당연해.
하지만 스포츠에서는 그것만 느끼고 배울 수 있는 게 아니야.
더 약한 사람에게 양보하고, 정정당당하게 승부를 겨루고,
함께 땀을 흘리며 팀워크를 배우지.
그러면서 꼭 이기지 않아도 기쁨을 느낄 수 있는 거야.
누군가를 좋아할 때 어떤 점만 좋은 게 아니라, 그 사람의 모든 게 좋은

것처럼 말이야.

네가 경기를 할 때도 꼭 이기는 데 목숨 걸지 말고, 마음을 열고 시작해봐.

그러면 참 많은 것을 느끼고 배우며 좋아할 수 있을 거야.

쌤은 네가 꼭 이기는 사람이 아니라,

지더라도 그 시간의 행복을 만끽하는 사람이었으면 좋겠어.

#자이가르닉 효과

넌 지금 네가 소심해서 기억도 미련도 많이 남는다는 거잖아.

그거 아니야.

네가 소심해서 그러는 게 아니라 누구나 그래.

마무리하지 못했다고 생각하는 일에는 더더욱 그렇지.

그러니까 네 소심함을 탓하며 자책하지 말아.

그냥 누구나 그런 거니까.

저는 정말 소심하거든요. 그래서 마무리하지 못한 일에 대해 기억도 미련도 많이 남아요. 그냥 잊고 싶은 일도 많은데 잊히지가 않네요. 무슨 방법이 없을까요?

미준아,

우선 질문에 오류가 있는 것 같으니 그거 먼저 알려줄게.

무슨 오류냐고?

넌 지금 네가 소심해서 기억도 미련도 많이 남는다는 거잖아.

그거 아니야.

네가 소심해서 그러는 게 아니라 누구나 그래.

마무리하지 못했다고 생각하는 일에는 더더욱 그렇지.

그러니까 네 소심함을 탓하며 자책하지 말아.

그냥 누구나 그런 거니까.

1927년, 러시아의 심리학자 블루마 자이가르닉은 사람들과 함께 베를린의 한 카페에 있었지. 그런데 종업원 한 명이 눈에 띄었어. 그 종업원은 주문을 받으면서 메모를 하지 않고, 다 외우는 거야. 자이가르닉은 너무 놀라워서 그 종업원을 기억했지. 그리고 몇 시간 후, 카페를 나왔다가 다시 돌아갔어. 소지품을 두고 나왔거든. 자이가르닉은 카페에 들어가자마자 그 종업원에게 갔어. 기억력이 좋으니 자신의 소지품도 기억하고 찾아줄 거라고 생각했지. 그런데 그의 예상은 빗나갔어. 그 종업원은 말했지. 서빙을 할 때는 기억을 잘 하지만, 그 외에는 잘 기억하지 못한다고. 자이가르닉은 이 사실에 흥미를 느끼고 실험을 시작했어. A 그룹은 일을 하는 동안 전혀 방해를 받지 않도록 했어. B 그룹은 하던 일을 중간에 그만두게 하고 다른 과제를 하도록 했지. 그 후에 설문을 실시하여 과제에 대해 기억에 남는 것을 물어봤어.

그랬더니 A 그룹보다 B 그룹이 훨씬 많은 기억을 해내는 거야. B 그룹은 마무리 짓지 못한 과제에 대한 기억이 70퍼센트 가량 남아 있었어. 이 결과를 보고 자이가르닉은 한 가지 사실을 도출해냈지. 그건 '하던 일을 완성하거나 목표를 달성한 일은 긴장이 풀려 기억이 잘 잊게 되지만 처리하지 못한 일은 내면에 긴장을 그대로 유지하여 미련을 남겨 더 오래 기억해낸다.'는 거야. 그래서 우리는 마무리 짓지 못한 일에 미련을 가지고 쉽게 잊지 못하는 거지. 과거에 실패했던 경험도 첫사랑도 그래서 쉽게 잊을 수 없는 거래. 이 사실을 자이가르닉이 밝혀냈다고 해서 '자이가르닉 효과'라고 부른다네.


미준아,

연속으로 이어지는 드라마를 볼 때 말이야,

엄청 중요한 장면에서 끝나서 엄청 아쉽잖아.

그런데 그래서 더 오래 기억나고,

다음 주에 그 드라마 할 시간이 될 때까지 기대되잖아.

그것도 자이가르닉 효과래.

그러니까 네가 오래 기억하는 것도 자이가르닉 효과인 거지,

네가 소심해서 그런 건 아닌 거야.

그래도 정말 이제는 기억하고 싶지 않다면,

상징적으로 끝내는 작업을 하는 것이 도움이 된대.

마무리 하지 못한 일을 네가 할 수 있는 방식으로 마무리 짓는 거지.

"이제 이 일은 끝이야."라고 선언하는 것도 도움이 된대.


한 번 외쳐볼까?

"이제 지겹게 기억나는 그 일은 오늘로 끝이다!"라고 말이야.

\#오직 나만을 위한
계획 세우기

너도 널 위해서 계획을 세워봐.

그 계획의 정해진 틀은 없어.

정답은 없고 너만의 답이 있을 뿐이야.

그저 널 위한 계획인 거야.

준민 고등이 되면서 제일 많이 들은 말이 "계획"인 것 같아요. 입시 계획을 짜라, 계획을 짜서 공부해라, 계획이 있어야 하는 거다. 그런데 저는 그 말을 너무 많이 들어서 그런지 더 하기 싫어요. 계획을 꼭 세워야 돼요?

같은 말을 계속 들으면 싫지.

누구나 그럴 거야.

공부하려고 책상에 앉았다가도 공부하라고 하면 싫은데,

계속 공부하라는 말을 들었다고 생각해봐.

정말 하기 싫을 거야.

그런데 말이야.

언젠가 그런 생각이 들더라.

사람들이 많이 이야기하는 것에는 그만한 이유가 있다는 생각 말이야.

사람들이 죽기 전에 꼭 봐야할 곳에 대한 이야기를 많이 하잖아.

사실 그 얘기를 들을 때는 죽기 전에 보면 다 좋지, 꼭 그런 곳이 있는 건 아니라고 생각했거든. 그런데 인도에 가서 타지마할을 보니까 그 생각이 들더라.

사람들이 이야기를 많이 하는 것에는 이유가 있는 거구나, 하는 생각.

죽기 전에 꼭 봐야 할 곳이라는 게 이런 느낌이구나, 하는 생각.

아마 사람들이 '계획'이라는 말을 많이 하는 것도

이유가 있을 거야.

그 이유가 뭐냐고?

꼭 해야 하거나, 꼭 하라고 할 만큼 필요하거나 둘 중 하나, 아닐까?

미국 플로리다 주립대학 심리학과 교수인 로이 바우마이스터가 실험을 진행했어. 졸업 시험을 앞두고 스트레스를 받고 있는 대학생들을 세 그룹으로 나눠서 하는 실험이었지.

첫 번째 그룹은 댄스파티를 상상하게 하고, 두 번째 그룹은 다가올 졸업 시험을 집중적으로 생각하게 했어. 세 번째 그룹은 졸업 시험을 상상하게 하면서, 그 시험을 어떻게 준비할지 구체적은 계획표를 짜게 했지. 그런 다음 학생들의 압박감을 측정했어. 결과는, 두 번째 그룹의 스트레스가 가장 높은 것으로 나왔지. 세 번째 그룹도 똑같이 시험을 생각하게 했지만, 두 번째 그룹이 스트레스가 더 높게 나온 거야. 이 실험을 통해 로이 바우 마이스터 교수가 발견한 것은 바로 '계획의 힘'이야. 아직 해결하지 못한 과제들은 우리를 압박하고 괴롭히잖아. 하지만 그 과제들이 우리를 덜 압박하고 덜 괴롭히는 방법이 있는 거지. 그 방법이 바로 '계획'인 거야.


준민아,

정말 그런 것 같아.

내가 원고 마감의 압박에 시달리고 있었거든.

마감 기한이 지난 후라서 말이야.

그런데 내 나름대로 계획을 세우고 나서

지금 이렇게 쓰고 있으니, 괴로움이 훨씬 덜어진 게 느껴지거든.

너도 널 위해서 계획을 세워봐.

그 계획의 정해진 틀은 없어.

초딩 때처럼 동그랗게 계획표를 만들어도 되고,

그래도 나름 고딩이니까

다이어리에 예쁜 글씨로 계획표를 만들어도 되고,

너의 스케줄에 맞게 일정을 적어도 되고,

세세하게 일정을 적는 스타일이 아니라면 날짜 별로 계획을 짜도 돼.

정답은 없고 너만의 답이 있을 뿐이야.

그저 널 위한 계획인 거야.

사람들이 많이 말해서 하는 것도 아니야.

그저 네가 가지고 있는 압박감과 괴로움을 덜어내기 위해서인 거야.

그런 계획이라면, 괜찮지 않겠어?

#당황하고 긴장을 많이 할 때

심호흡을 하고 침착하게, 어떻게 헤쳐나갈지 고민하고 행동해.

중요한 건 말이야,

넌 분명히 꼭 이겨낼 수 있다는 거야.

예기치 않는 상황을 만나면, 갑작스러운 어려움을 만나면, 먼저 어떻게 해야 해요? 정말 어떻게 해야 할지 잘 몰라서 당황만 하고 땀만 뻘뻘 흘릴 때가 많거든요.

맞아,
당황하고 땀이 나고, 안절부절 못하게 되지.
그리고 아무것도 못할 때가 많아.
그런데 그런 상황에도 무언가를 하고 싶다면
우선 당황하지 않는 게 답이야.
당황해서 아무것도 못하니까
최대한 당황하지 않고 침착하게 어떻게 해야 할지 생각해야지.

얼마 전에, 미 플로리다 주의 제임스 바니 주니어라는 아홉 살 소년이 거대한 악어와 사투 끝에 무사히 생명을 건져서 화제가 되었어. 바니는 자전거를 타고 가다가 더위를 식히려고 호수에 뛰어들어 수영을 시작했어. 하지만 얼마 지나지 않아 악어의 공격을 받았고 악어에 다리를 물렸지. 하지만 당황하지 않고 돌아서서 주먹으로 악어의 턱을 잡아 올렸지. 얼마간의 사투 끝에 악어는 바니를 포기하고 사라졌어.
바니는 호숫가로 헤엄쳐 나와 지나던 사람에게 도움을 요청해서 병원으로 이송됐지. 바니의 다리에는 악어에게 물린 자국이 남아 있고 악어의 이빨은 바니의 다리 속에 박혀 있었지. 다행히 생명에는 지장이 없었고, 바로 치료도 잘 받았어. 그 후, 플로리다 주 당국은 바니를 공격한 악어를 잡기 위해 호수에 주민들의 접근을 차단한 채 수색을 계속하고 있어. 바니는 자신의 다리에 박혔던 악어 이빨을 기념으로 갖고 싶었지만 야생동물 관리 당국이 악어를 찾는 데 도움이 된다며 이빨을 가져갔지. 그래서 엄청 아쉬워하는 모습을 보고 사람들은 정말 어린아이는 어린아이라고 생각했어. 바니는 악어와 싸운 것은 대수로운 것이 아니라고 말했어. 그런데 그 호수에서 다시 수영할 것이냐는 질문에는 아니라고 답했지.

ㅎㅎ 너무 귀엽지?
아마 악어를 만났던 그 호숫가 근처에도 가기 싫을 거야.
바니가 당황해서 가만히 있었다면 어땠을까?
아마 끔찍한 일이 일어났겠지?

성윤아,
갑자기 어떤 돌발상황이 생기면 당황하지 말고 생각해봐.
심호흡을 하고 침착하게, 어떻게 헤쳐나갈지 고민하고 행동해.
중요한 건 말이야,
넌 분명히 꼭 이겨낼 수 있다는 거야.
그 사실을 잊지 않는다면 갑자기 나타난 악어는
아무 문제가 되지 않을 거야.

3
장

왜 늘
더 열심히
해야 할까요?

#할 수 있는 동안
열심히

잠을 더 줄이려고 하기보다는

깨어 있을 때 더 열심히 공부하면 어때?

얼마나 오랜 시간 했느냐보다

얼마나 더 열심히 했느냐가 더 중요하지 않을까?

쌤, 저는 잠이 너무 많아요. 깨어 있을 때 집중을 잘하는 편이긴 한데, 잠을 너무 많이 자니까 친구들에 비해 공부하는 시간이 너무 적어요. 제가 다른 친구들보다 보통 세 시간은 더 자는 거 같아요. 잠 때문에 공부를 더 적게 해서 성적이 떨어지면 어떻게 하나, 걱정이 돼요.

그래, 걱정이 되겠구나.

내 주위에서도 보면, 원래 잠이 많은 사람도 있고

원래 잠이 별로 없는 사람도 있는 거 같아.

그런데 그걸 어떻게 바꿀 수 있는 게 아니더라.

물론 너무 많이 자거나 너무 적게 자는 건 노력해서 조절해야겠지만,

네 말대로 세 시간의 격차 정도는 나게 되지.

그렇다면 말이야,

잠을 더 줄이려고 하기보다는 깨어 있을 때 더 열심히 공부하면 어때?

얼마나 오랜 시간 했느냐보다 얼마나 더 열심히 했느냐가 더 중요하지 않을까?

탈무드에서 나오는 이야기야. 큰 포도밭을 가진 주인이 여행을 떠났다가 1년 만에 돌아왔어. 그동안 포도밭을 맡아주었던 동생을 만나 기분 좋게 밥을 먹고, 포도밭으로 갔지. 많은 일꾼들이 일하고 있는 모습을 보고는 동생에게 잘 관리해주어 고맙다는 인사를 건넸지. 그리고 흐뭇한 표정으로 포도밭을 바라보는데, 한 일꾼이 눈에 띄었어. 그 일꾼은 쉬지 않고 아주 열심히 일하고 있었지.

주인은 그 일꾼을 불러 자신의 정원으로 데리고 가서 이런저런 이야기를 주고받았어. 그러다 보니 어느새, 해가 서산마루에 걸렸지. 일꾼은 깜짝 놀라며 "일을 마칠 시간까지 이렇게 쉬었으니 어쩌죠?"라고 물었어. 주인은 "괜찮네. 아무 걱정 말고 나와 함께 포도밭으로 가세."라고 말했지. 주인은 일꾼과 함께 포도밭으로 향했어. 포도밭에는 다른 일꾼들이 줄을 서서 동생이 주는 품삯을 받고 있었지.

주인과 함께 간 일꾼도 얼른 가서 줄을 섰고, 모든 일꾼들이 동전 한 닢을 받았어. 그 모습을 보고는 다른 일꾼들이 버럭 화를 냈지. 오후 내내 일터를 떠났다가 조금 전에 들어온 사람이 똑같이 돈을 받는 건 불공평하다며 원칙대로 하라고 했지. 여기저기서 아우성이 들리는데, 주인은 아랑곳하지 않고 차분하게 입을 열었어. "내가 중요하게 생각하는 건 얼마나 오랫동안 일했느냐가 아니라 얼마나 열심히 했느냐 하는 것이오. 열심히 하는 사람은 적은 시간을 일해도 많은 일을 할 수 있기 때문이오. 여러분 가운데 한 사람이 하루 종일 한 일보다 이 사람이 반나절 동안 한 일이 더 많았소. 그래서 똑같이 한 닢을 준거요. 여러분의 말대로 원칙을 따진다면 세 닢, 네 닢을 받아야 주어야 할 거요." 주인의 말에 다른 일꾼들은 입도 벙긋 못하고 뒷머리를 긁적이며 집으로 돌아갔어.

현형아,
잠을 줄이기 힘들다면 깨어 있는 시간 동안 더 집중하며 열심히 해봐.
그럼 다른 친구들보다 세 시간 적게 했어도 공부의 양으로 뒤처지지는 않을 거야.
어쩌면 더 많이 할 수도 있겠지.

시간의 양보다 공부의 양이,

공부의 양보다 공부의 질이 더 중요한 거잖아.

넌 집중도 잘 하니까 양과 질, 두 마리의 토끼를 잡을 수 있을 거야. 파

이팅!! ^^

#절반만 자유로운 상황

누구나 한 가지를 반복하다 보면 지치고 짜증나고 힘들어.

그건 당연한 감정이지.

그럴 때는 조금 쉬어도 괜찮아.

하지만 계속하고 싶다면 맥락을 바꿔봐.

국어를 하다 지쳤다면 수학을 해보든지,

문제집을 풀다 짜증난다면 인강을 들어보든지.

**민이** 공부는 반복 없이는 잘할 수 없다는 이야기를 많이 들었어요. 실제로 경험을 하기도 했고요. 그런데 반복해서 공부를 하다 보면 정말 조금도 더 하기 싫은 느낌이 자주 와요. 지겹고 따분해요. 반복해서 공부를 하는, 좀 더 좋은 방법은 없을까요?

그러게 말이야.

민이 말대로 예습하고 복습하고,

또 읽고 또 쓰는 방법이 제일 좋지.

뭔가 더 특별한 방법도 없는 것 같고

실제로도 제일 많이 도움이 되는 것 같고 말이야.

내가 공부 전문가는 아니라서 모르겠지만 말이야.

반복해서 공부하다가 진짜 하기 싫은 순간이 오면

그때는 새로운 맥락이 필요한 게 아닐까?

1928년, 심리학자 '아니타 카스턴(Anita Karsten)'은 '절반만 자유로운 상황'이라는 제목의 실험을 했어. 그녀는 실험에 임하는 사람들에게 해야 할 과제를 주되 피곤해지면 언제든 그만둘 수 있다고 말한 거야. 실험의 제목처럼 '절반만 자유로운 상황'을 만든 거지.

과제는 그림 그리기처럼 끝이 정해져 있지 않은 일과 짧은 시 읽기처럼 금방 끝나지만 반복해야 하는 일 두 가지였어. 각 과제를 받은 사람들은 지칠 때까지 과제를 계속했지. 정말 1분도 더 할 수 없다는 기분이 들 때까지 말이야. 그 후에, 아니타 카스턴은 새로운 맥락을 제시했어. 그럼 신기하게도 사람들이 다시 힘을 내는 거야. 예를 들어, 한 실험 참가 자에게 'ababab…'를 질릴 때까지 쓰는 과제를 준 거야. 이 사람은 탈진 할 때까지 과제를 했지. 이 사람이 과제를 그만 두었을 때는 한 글자도 더 쓰지 못할 것 같은 상태였어. 바로 그때 아니타 카스턴은 그 사람에 게 이제부터 하게 될 다른 일에 필요하니 이름과 주소를 적어달라고 했 지. 새로운 맥락을 제시한 거야.

결과는 그저 신기했지. 손이 얼얼해서 한 글자도 못 쓰겠다던 사람이 아 무렇지도 않게 이름과 주소를 적는 거야. 또 한 그룹에게는 계속해서 소 리 내어 시를 읽으라는 과제를 주었지. 사람들은 몇 번을 반복해서 읽 었는지 목이 쉴 지경이었어. 실제로 목소리가 쉰 사람들도 있었지. 사람 들은 이 과제를 더 이상은 못하겠다며 불평했어. 그런데 신기한 건 뭔지 알아? 불평할 때의 목소리는 정상이었다는 거야.


아니타 카스턴은 이 실험을 통해 알게되었어.
맥락을 바꿔보거나, 새로운 맥락을 제시하면, 에너지가 생긴다는 것을 말이야.


민이야,
누구나 한 가지를 반복하다 보면 지치고 짜증나고 힘들어.
그건 당연한 감정이지.
그럴 때는 조금 쉬어도 괜찮아.
하지만 계속 하고 싶다면 맥락을 바꿔봐.
국어를 하다 지쳤다면 수학을 해보든지,

문제집을 풀다 짜증난다면 인강을 들어보든지,
혼자 하는 게 지겹다면 친구와 함께 해보든지….
너에게 맞는 새로운 맥락을 시도해본다면 좋겠어.

#무엇을 하든
진심을 담은 자세가 중요해

참 아이러니하게도 말이야, 기술을 빛나게 하는 건 마음인가 봐.

사람들을 감동시키는 건 뛰어난 스펙이 아니라,

감동적인 스토리인 것처럼 말이야.

**지호** 저는 기술이 중요한 직업을 가지고 싶어요. 그래서 진로도 그것과 관련된 과로 정했어요. 그런 기술도 타고 나는 사람이 많다고 들었어요. 하지만 저는 그런 것 같지는 않아요. 노력하면 기술을 연마하는 건 문제없겠죠? 기술을 연마하는 데 가장 중요한 건 무엇일까요? 기술이 구체적으로 무엇인지는 말 안 해도 상담이 가능할까요? 그건 말하고 싶지 않아서요.


그래. ^^

말하고 싶지 않으면 안 해도 돼.

기술도 타고 나는 사람이 있지.

똑같이 배워도 뭔가 남다른 사람이 분명히 있어.

하지만 그런 사람만 기술직을 가질 수 있는 건 아니야.

그렇다면 그 직업에는 몇 사람밖에 종사할 수 없을 테니까.

타고난 사람도 노력을 안 할 수는 없고,

타고나지 않았지만 열심히 노력하는 사람도 필요한 거잖아.

네 말대로 열심히 노력하면 기술을 익힐 수 있을 거야.

그리고 기술을 연마하는 데 가장 중요한 건

어떤 도구나 또 다른 기술은 아닐 거야.

결국은 마음의 문제가 가장 중요하지 않을까?


교향악단의 연주를 들어본 적 있어? 졸음이 밀려올 때도 있지만, 참 웅장하고 아름답지. 그렇게 많은 사람들이 호흡을 맞춰 연주하는 건 참 대단한 일인 것 같아. 그리고 무엇보다 기술이 중요하지. 자신이 가지고 있는 악기를 자유자재로 다룰 수 있는 기술이 없다면 함께 호흡을 맞추는 일도 불가능할 테니까 말이야. 그런데 정말 기술이 제일 중요할까 하는 생각에 진행된 실험이 있었어.

교향악단의 연주자들 모두에게 연주할 곡을 자신만이 알아차릴 수 있을 정도로만 미묘하게 바꿔 곡을 새로이 연주해달라는 지시를 내린 거야. 그리고 다른 교향악단에게는 같은 곡을 주고, 특히 잘했다고 느끼는 과거 공연을 최대한 그대로 재현하라는 지시를 내렸어. 그리고 양쪽의 공연을 녹음해서 청중하게 들려주고 물었어. 어떤 연주를 더 선호하느냐고 말이야. 청중들은 대부분 연주를 미묘하게 바꾼 교향악단의 연주를 선호했어. 왜 그랬냐고? 단원들은 새로이 바뀐 악보를 연주에 더 마음을 쏟았기 때문이야. 평소보다 훨씬 더 신경을 쓰면서 연주했고, 순간순간 충실할 수밖에 없었지. 그래서 연주는 더욱 조화를 이루었고, 청중들은 그 탁월한 연주에 더욱 열광했지.


지호야,
과거의 잘했던 공연을 그대로 재현한 악단이
기술적으로는 더 뛰어났을 거야.
더욱 능숙하게, 더욱 담대하게 연주할 수 있을 테니까.
하지만 마음은 덜 담겼을 거야.
처음의 떨림과 설렘은 아무래도 흐려졌을 테니까.
나도 강의를 할 때 보면 첫 강의를 물 말아 먹었다고 표현하곤 해.
강사들끼리 엉망이었다는 표현을 그렇게 하곤 하거든.

그런데 청중들이 오래 기억하는 강의는 첫 강의일 때가 많아.

더욱 진솔하고 솔직하게 들렸다는 소감을 듣곤 하지.

사실은 세 번, 네 번 반복해서 했던 강의가 훨씬 자신 있고, 실제로도 더 잘했는데 말이야.

참 아이러니하게도 말이야, 기술을 빛나게 하는 건 마음인가 봐.

사람들을 감동시키는 건 뛰어난 스펙이 아니라, 감동적인 스토리인 것처럼 말이야.

#CNN의 간판 앵커,
앤더스 쿠퍼

앤더스 쿠퍼는 "앵커가 높은 곳에 앉아
모든 것을 아는 체하고 목격한 체하는 뉴스,
사람들은 그런 뉴스를 더이상 구매하지 않는다."고 말했어.
네가 그 말을 너의 마음에 새기고,
그를 롤모델 삼아 꿈을 향해 나아갔으면 좋겠어!

서윤

쌤~ 저는 아나운서가 되고 싶었어요. 그런데 꿈이 조금 바뀌었어요. 세월호 관련 뉴스들을 보면서 실망도 하고 감동도 하면서요, 뉴스 앵커가 되고 싶어졌어요. 사람들의 관심을 끌기 위해 포장하는 뉴스 말고, 사실에 진심을 담아 전하는 뉴스가 더 많아져야 한다는 생각을 했거든요. 그런데 궁금한 건요, 혹시 롤모델로 삼을 만한 세계적인 앵커가 있을까 하는 거예요. 혹시 떠오르는 앵커가 있으세요?

서윤아,

질문 자체가 무지 멋진데? 너의 질문을 칭찬하고 싶어.

쌤은 '구체적이면서도 멋진 꿈'이 좋다고 생각하는데,

네 꿈이 딱 그렇네.

사실에 진심을 담아 전하는 뉴스 앵커가 꿈이라니, 진짜 멋져!

그리고 마침 떠오르는 앵커가 있으니

너의 질문에 답해줄게.

내가 말해주고 싶은 앵커는,

CNN의 간판 앵커인 '앤더스 쿠퍼'야.

앤더슨 쿠퍼는 미국의 철도 재벌 3세야. 2천억 원에 달하는 재산을 가지고 있고, 예일대 정치학과를 졸업한 뛰어난 재원이기도 하지. 그런데 그는 그런 부와 명예를 뒤로 하고 '재난 전문기자'라는 타이틀을 가지고 있어. 그는 아버지와 형의 죽음을 목격하는 등 여러 가지 사건들을 겪으며 자신보다는 타인을 위한 삶을 살기로 결정했어.

상실감을 겪는 사람들의 이야기가 있는 곳에 가고 싶다며, 지구 반대편에서 아픔을 겪고 있는 사람들을 직접 찾아갔지. 자신이 보도하는 기사들이 세상에 선한 결과를 가져다 줄 것이라고 생각하면서 말이야. 그는 멕시코만 기름 유출 사건을 보도하기 위해 오염된 바다에 직접 손을 담가 기름을 보여주는 등 자신의 말을 실천으로 옮겼고, 많은 사람들은 그의 진심을 마주하며 감동을 받았어.

그런 그가 전 세계적으로 유명해진 건 아이티 지진 때였어. 아이티 지진으로 인해 폭동이 일어났고, 그 폭동을 취재하는 도중 한 아이가 벽돌을 맞고 쓰러졌어. 그 장면을 목격한 앤더슨 쿠퍼는 그 아이를 구하기 위해 뛰어갔지. 그의 행동에는 한치의 망설임도 없었어. 처음에는 카메라를 들고 있었지만 나중에는 카메라랑 마이크도 내던지고 아이를 구했지. 그리고 그 장면은 그대로 전 세계에 방송되었어.

사람들은 그 위험천만한 상황에서 뉴스보다 한 생명을 더 소중히 하는 앤더슨 쿠퍼의 참모습을 보았고, 그 이후로도 그 장면은 앤더슨 쿠퍼를 설명할 때마다 오랫동안 등장하는 유명한 장면이 되었지. 그리고 앤더슨 쿠퍼는 지금도 재난의 현장을 직접 찾아가서 진심의 이야기들을 전하고 있지. 그의 뉴스를 보면 알 수 있어. 그는 뉴스를 통해 사실을 알리기를 원하고, 그 사실에 진심을 담아 전하려고 애쓴다는 것을 말이야.

어때? 멋지지?

앤더스 쿠퍼는

"앵커가 높은 곳에 앉아 모든 것을 아는 체하고 목격한 체하는 뉴스, 사람들은 그런 뉴스를 더 이상 구매하지 않는다."고 말했어.

네가 그 말을 너의 마음에 새기고,
그를 롤모델 삼아 꿈을 향해 나아갔으면 좋겠어!
너의 삶과 너의 꿈을 응원한다! 꽈꽈꽈 꽈이팅!!

#꿈으로 가는 자동차

정말 하기 싫을 때는 조금 쉬면서 너의 꿈을 떠올려봐.

그리고 주위를 돌아보면 감사할 수 있지 않을까?

너에게 배움을 주는 선생님들도 계시고,

밤에도 충분히 책을 볼 수 있을 만큼 밝잖아.

지금 네가 하는 공부는 꿈으로 가는 자동차라고 생각하면 좋겠어.

용우 제 나이에 조금 유치한 고민인데요. 그래도 저는 정말 심각해요. 그러니까 유치하다고 생각되셔도 꼭 대답해주셨으면 좋겠어요. 저는요, 공부하는 게 너무 싫어요. 그런데 공부를 하고 싶어 하는 사람은 없을 거예요. 정말 공부를 안 하고 살 수는 없는 걸까요?


ㅎㅎ 그게 뭐가 유치해. 절대 유치하지 않아.

누구나 해야 할 것을 하기 싫어할 때가 있으니까.

나도 글 쓰는 게 좋아서 작가가 되었지만 글을 쓰기 싫을 때가 있거든.

너는 공부해야 할 시기니까 공부가 하기 싫을 수도 있지.

그런데 네 질문에 오류가 있어.

공부하고 싶어 하는 사람은 없을 거라고 했잖아.

아니야, 공부하고 싶어 하는 사람들은 많이 있어.

많은 예를 들 수 있겠지만 아프리카 기니에 사는 아이들의 이야기를 들려주고 싶어.


아프리카 기니를 알고 있니? 기니의 정식 명칭은 기니공화국(Republic of Guinea)이야. 아프리카의 대서양에 면한 나라로, 1849년 프랑스 보호령이 되어 지배를 받다가 1890년 세네갈에서 분리돼 프랑스 식민지에 편입되었고 1958년 10월에 독립하였지. 110년 동안 지속되었던 프랑스 식민통치에서 벗어났지만 장기독재가 시작되었어.

기니는 지금도 부패한 정부의 무관심과 낡고 부족한 시설로 인해 지독한 어려움을 겪고 있는 나라야. 기니 사람들은 밤마다 공항으로 출발해.

왜 그런지 알아? 그들에게는 빛이 없어. 미국인이 3일 동안 쓰는 전기로 1년을 버텨야 하지. 우리가 밤이 되어도 저녁을 준비하고 생활을 할 수 있는 건 전기 때문이잖아. 그들에게는 그게 없는 거야. 전등을 켤 전기가 없어서 빛이 있는 유일한 곳, 공항으로 향하는 거지. 몇 명만 그러는 거 아니냐고? 아니, 국민의 80퍼센트가 그런 일을 겪고 있어. 선거가 돌아올 때마다 정치인들은 자신을 뽑아주면 국민을 위해 뭐든지 하겠다고 말했지. 하지만 선출이 되고 나면 모른 체했어. 기니 사람들은 그렇게 50년 동안 기대와 실망을 반복해서 겪으면서 무기력해졌지.

그 속에서 공항의 빛을 찾아낸 건 아이들이었어. 공항에 가려면 5킬로미터 이상을 걸어야 하고, 나쁜 사람들을 만나면 다칠 수도 있어. 하지만 아이들은 위험을 무릅쓰고 공항으로 가지. 아이들의 표정은 밝고 어른들의 표정은 어두워. 아이들에게는 목적이 있고, 어른들에게는 없거든. 아이들의 목적은 오직 하나, '공부'야. 아이들은 공부를 할 수 있다면 뭐든지 하겠다고 말해. 하지만 어른들은 대학에 보내줄 돈도 없다고, 아무리 노력해도 달라지지 않을 거라고 말해. 그래도 아이들은 희망을 붙잡지. 희망이라도 없으면 영영 웃을 수 없을 것 같으니까. 아이들은 희망을 꼭 붙잡고 오늘도 공항으로 가. 오직 공부를 하기 위해서.


용우야,
쌤도 글쓰기 싫을 때가 있다고 했지?
그럴 때는 잠시 쉬면서 작가가 내 꿈이었다는 것과,
내 글을 읽고 기뻐할 친구들을 떠올린단다.
그럼 곧 다시 쓰고 싶어지지.

무엇보다 글을 쓸 수 있는 환경이 있다는 게 무척 감사해.
컴퓨터도 있고 얼마든지 밤에 불을 켜고 글을 쓸 수 있으니까.

정말 하기 싫을 때는 조금 쉬면서 너의 꿈을 떠올려 봐.
그리고 주위를 돌아보면 감사할 수 있지 않을까?
너에게 배움을 주는 선생님들도 계시고, 밤에도 충분히 책을 볼 수 있
을 만큼 밝잖아.
지금 네가 하는 공부는 꿈으로 가는 자동차라고 생각하면 좋겠어.

#이승규 교수가 말하는
자기만의 교과서

복습은 너만의 교과서를 만들어주는 거야.

끊임없이 기록하며, 이전의 경험을 네 것으로 만들고 그다음 단계로

나아가면 네 꿈은 더욱 단단해질 거야.

복습이라는 단어가 주는 이미지가 있어서 그렇지,

사실 복습은 참 좋은 거야.

막상 할 때는 조금 지루할지 몰라도 하고나면 온전히 네 것이 되는 거니까.

민재 샘, 저는 복습을 엄청 싫어하거든요. 한 걸 또 하니까 재미도 없고 진짜 별로예요. 그런데 복습이 싫다고 하니까, 우리 삼촌이 복습은 평생 해야 하는 거래요. 꿈을 이룬 후에도 복습으로 자기점검을 해야 오래 갈 수 있다나? 그래서 제가 말도 안 된다니까 진짜라고 계속 그래요. 샘은 작가가 되었으니까 꿈을 이룬 거잖아요. 그런데 진짜 계속 복습을 해야 해요?

ㅎㅎ 응, '복습'이라고 하니까
자꾸 공부한 걸 다시 하는 거라는 고정관념이 있어서
계속 해야 한다니까 끔찍하지? ㅎㅎ 그 마음 알아.
그런데 내가 생각하기에도 삼촌 말이 맞아.
이렇게 말할 수밖에 없어서 미안해. ㅜㅜ

민재야,
복습이 꼭 공부를 다시 하는 게 아니라,
기록하고 돌아보고 점검하는 거라고 생각해주면 안될까?
그런 과정이 있어야 다음 단계로 갈 때 훨씬 더 도움이 되고, 발전이 되고, 오래갈 수 있거든.
나도 글을 쓰고 강의를 할 때 다시 들여다보고 기록하고 녹음해.
녹음한 걸 다시 들어보기도 해.
그럼 어느 부분이 잘못되었는지 알 수 있고, 무엇보다 좀 더 선명하게 기억할 수 있어서 다음에 할 때 뺄 부분은 빼고 더할 부분은 더할 수 있어서 훨씬 좋더라고.

세계 최고의 간이식 수술 전문가인 이승규 교수의 이야기를 해줄게. 그의 수술 생존률은 96퍼센트로 세계최고를 자랑해. 또한 전 세계가 주목하는 2대 1 생체 간이식 수술에 성공한 의사야.

그 수술은 두 명의 간을 떼어내 한 명에게 이식하는 수술이라 3개 수술실에서 동시에 진행된대. 기증자의 간 두 개의 무게를 합치면 큰 우엽 간하고 똑같기 때문에 환자가 필요한 간의 크기가 해결이 되지. 문제는 좌측 간이 나란히 놓이게 되면 우측에 놓인 간은 혈관을 연결할 수가 없는 것이었는데, 이리저리 고민해보다가 각도를 180도 돌리니 연결할 수 있는 우측 간의 거리고 확보됐대. 그래서 수술에 성공할 수 있었다네. 말만 들어도 정말 대단해보이지? 다른 의사들도 그렇게 생각하나 봐. 그의 수술을 보기 위해 여러 나라의 의사들이 한국을 방문하거든. 그의 수술을 지켜보던 한 의사가 기자에게 이런 말을 했어. "간 수술의 전설인 이승규 교수와 한 공간에 함께 있어서 매우 영광입니다. 당신이 한국에 산다는 것은 정말 영광입니다. 간에 문제가 생기면 세계에서 가장 치료를 잘하는 한국에서 살고 있으니까요. 정말이에요. 당신들은 정말 행운아예요."라고 말이야. 그의 수술 실력 덕분에 기자를 비롯한 한국 사람들은 '행운아'로 등극했지. 그런데 말이야, 그런 최고의 실력을 가진 이승규 교수가 수술하기 전과 후에 끊임없이 하는 게 있어. 그게 바로 네가 말한 '복습'이야. 수술을 하기 전에는 자신이 그림을 그려서 백지에 환자의 복부를 그리고 간을 가위로 오려 갖다 붙여보기도 하고, 각도를 돌리면서 수술 장면을 연상하지. 그렇게 끊임없이 그리고 오리고 반복하며 수술 연습을 하는 거야. 미리 하니까 예습 아니냐고? 아니, 이미 알고 있는데도 반복해서 해보니까 복습이지. 아까 말한 2대 1 수술도 그렇게 해보다가 간 그림의 각도를 180도 돌려보니 답이 나온 거래. 그리고 수술이 끝나도 복습을 열심히 한대. 수술이 끝나자마자 바로 정리를 하고 사무실로 가서 노트를 펴고, 자신이 수술한 것을 쭉 기록하는 거지. 수술 장면을 하나하나 되짚으며 그렇게 하면, 머릿속으로 그 수술을 본인이 한 번 더 집도하는 것과 똑같은 효과가 있대. 한 번이 아니고 두 번 똑같은 것을 머릿속에 입력하면 훨씬 더 기억에 남게 되는 거야. 그는 그동안의 수술 기록을 보면서 "이런 기록을 보고 있으면 뿌듯하죠. 나의 경험, 나의 수술을 가지고 다음 수술에 임해야 해요. 다른 사람의 수술 교과서를 갖지 말고요"라고 말했대.

민재야,

복습은 너만의 교과서를 만들어주는 거야.

끊임없이 기록하며, 이전의 경험을 네 것으로 만들고 그다음 단계로 나아가면 네 꿈은 더욱 단단해질 거야.

복습이라는 단어가 주는 이미지가 있어서 그렇지, 사실 복습은 참 좋은 거야. 막상 할 때는 조금 지루할지 몰라도 하고 나면 온전히 네 것이 되는 거니까.

복습이라고 생각하지 말고 네 꿈을 위한 연습이라고 생각해.

꿈을 이룬 후에는 좀 더 단단해지기 위한 기록이라고 생각하면 좋겠어.

#분명히 네가
좋아하는 게 있을 거야

좋아하는 걸 찾으려면 말이야,

그리고 그 좋아하는 걸 진로로 선택하고 나아가려면 말이야,

네가 그걸 알아야 해.

다른 사람의 꿈을 보면서 걱정하지 말고,

네 마음속을 들여다봐야 한다는 것.

분명히 네가 좋아하고 잘하는 것이 있을 거라고,

그 누구보다 널 믿어줘야 한다는 것.

성진 쌤, 제가 아직 진로를 정하지 못했어요. 제 친구들은 벌써 대학교를 알아보고 있어요. 그런데 저는 학교는커녕 아직 제가 어떤 과를 가야 할지, 제가 뭘 좋아하는지 모르겠어요. 친구들을 보면 제 자신이 더 답이 없는 거 같아서 걱정돼요.

많이 걱정되었구나. 그 마음 알 거 같아.

쌤도 늦게 꿈을 결정했거든.

사람들은 내가 글쓰는 걸 좋아해서 국문과나 문예창작과를 가야 된다고

말했지만, 정작 나는 내가 정말 글쓰는 걸 좋아하는지 잘 몰랐어.

성진아,

좋아하는 걸 찾으려면 말이야,

그리고 그 좋아하는 걸 진로로 선택하고 나아가려면 말이야,

네가 그걸 알아야 해.

다른 사람의 꿈을 보면서 걱정하지 말고,

네 마음속을 들여다봐야 한다는 것.

분명히 네가 좋아하고 잘하는 것이 있을 거라고,

그 누구보다 널 믿어줘야 한다는 것.

어떤 경찰이 퇴근하는 길이었대. 그날따라 업무도 많아서 지친 마음으로 터벅터벅 걷고 있었지. 어둡고 컴컴한 길이 마치 자신의 마음 같다고 생각하면서 말이야. 다행히도 길을 건너니까 골목에 가로등이 환하게 켜져 있었지. 경찰은 환하니까 너무 좋다고 생각하며 한참을 걷다가

집에 거의 다 도착했을 때 바위에 걸려 넘어졌어.

골목길에 웬 바위가 있지, 투덜대며 일어섰는데 자세히 보니 바위가 아니라 어떤 남자였지. 여기서 뭐하고 계십니까, 경찰이 버럭 소리를 질렀고 그 남자는 비틀대며 일어나 말했지. "제가 열쇠를 잃어버려서 찾고 있습니다." 남자는 술에 취해 있었고, 열쇠가 없어서 집에 못 들어간다며 다시 주저앉아 더듬거리며 열쇠를 찾기 시작했어. 경찰은 같이 주저앉아 열쇠를 찾아주었지. 그런데 한참을 찾아도 열쇠가 없지 뭐야. 경찰이 남자에게 물었어. "열쇠를 여기서 잃어버린 게 맞나요? 아무리 찾아도 없는데요." 남자가 어리둥절한 표정으로 일어나며 말했지. "아, 열쇠는 저 건너편 어두운 길에서 잃어버렸는데요." 경찰은 황당한 표정으로 물었지. "아니, 그럼 잃어버린 데서 찾아야지. 왜 여기에 와서 찾고 있나요?" 남자는 대답했어. "아, 저기는 너무 어두워서 안 보이잖아요. 그래서 환한 곳으로 와서 찾고 있는 겁니다."

ㅎㅎ 어이없지?

그런데 말이야, 성진아.

우리도 그 남자랑 비슷하지 않을까?

이미 꿈을 찾은 친구들을 부러워하면서, 그쪽만 보고 있는 거야.

그쪽에서 비슷한 답을 찾으면 얼마나 좋을까,

이런 생각을 하고 있을지도 모르지.

하지만 답은 말이야.

어두워 보이는 네 마음속에 있어.

네가 무엇을 할 때 가장 행복하고, 무엇을 하는 걸 가장 좋아하는지 생각해봐.

포스트 잇에 그림을 그리는 게 좋아서 그림 작가가 된 분도 있고,

친구들의 이야기를 듣는 게 좋아서 상담가가 된 분도 있어.

네 마음속에도 분명히 반짝이는 보물이 있을 거야.

그걸 어떤 사람들은 재능이라고 하고, 어떤 사람들은 꿈이라고도 해.

어때?

이제 너도 보물을 찾아보는 거야.

쌤이 응원할게. 파이팅!!!

#못하는 것보다
잘하는 걸 더 들여다보자

할 수 없는 것만 보며 투덜대는 마음의 초점을

할 수 있는 것으로 조금씩 돌려보자.

그럼 넌 아무것도 할 수 없는 아이가 아니라,

잘 하는 것이 있는 아이가 되는 거야.

자, 마음의 시각을 바꾸고 할 수 있는 것부터 해보는 거, 어때?

연아 저는요, 수학을 진짜 못해요. 국어랑 영어는 잘하는 편인데, 수학만큼은 정말 잘 안돼요. 수학을 공부하고 있으면 제가 아무것도 못 하는 아이 같고, 계속해도 안 될 것 같고…. 한숨만 나와요. 아휴, 어쩌면 좋을까요?

넌 국어랑 영어도 잘하는 애가 수학까지 잘하려고?

그거 욕심이 너무 많은 거 아니야?

어떻게 모든 걸 잘할 수 있겠어.

이건 비밀인데, 쌤은 영어 알레르기가 있어서

영어만 봐도 두드러기가 나.

그래서 영어는 진짜 기본적인 것만 알고 있지만 문제는 없던데?

문제는 말이야,

할 수 있는 건 생각하지 않고

할 수 없는 것에만 목숨 거는 우리 마음에 있지 않을까?

1992년에 말이야, 박모세라는 아이가 태어났어. 그 아이는 뇌의 90퍼센트가 밖으로 흘러나와 있었지. 뇌가 밖으로 흘러나온 경우, 다시 안으로 집어넣을 수는 없고 절제하는 방법밖에 없어. 그런데 모세는 뇌 안에 10퍼센트밖에 남지 않았으니, 밖으로 나온 90퍼센트를 잘라내면 어떻게 살 수 있겠어. 병원에서는 1퍼센트의 가망도 없다고 했지. 하지만 엄마는 아이를 포기할 수 없어서 수술을 해달라고 했어. 긴 시간의 수술이 끝나고, 엄마를 만난 모세는 여전히 숨을 쉬고 있었지. 숨 쉬는 거 자체가 모세에게는 기적이었어.

집으로 돌아와서 엄마가 할 수 있는 일은 분유를 한 방울씩 흘려서 모세 입으로 넣어주는 것밖에 없었어. 엄마는 아이를 위해 기도하며 매일 분유를 주었고, 먹는 양이 한 방울씩 늘어날 때마다 너무 기뻤지. 기적처럼 모세는 자랐고, 가족들은 아무것도 할 수 없을 것 같은 모세에게 재능이 있다는 것을 발견했어.

그건 바로 절대음감이었어. 모세는 반주만 듣고 노래를 따라서 부르고, 휴대전화로 문자를 보내는 소리만 듣고도 그 글자를 맞췄지. 그리고 모세는 꿈을 꾸었어. 성악가가 되어서 무대에 서는 꿈이었지. 2013년 1월에 열린 평창 동계 스페셜 올림픽에 스물두 살의 한 청년이 나와서 애국가를 열창했어. 사회자는 그 청년을 이렇게 소개했지. "지적장애, 시각장애, 신체장애를 극복해 많은 사람들에게 감동을 선사하고 있는 성악가, 박모세 군을 소개합니다!"


연아야,

뇌의 10퍼센트밖에 남지 않는 모세가 기적을 노래했고,

지금도 노래하고 있어.

그런데 우리가 할 수 없는 것만 생각하며 짜증내면 안 될 것 같지 않아?

수학이 정말 안 된다면 잘하는 것을 더 많이 해.

사람마다 절대 안 되는 게 있는 거야.

그렇다고 수학을 아예 포기하라는 얘기는 아니야.

계속 열심히 하되, 그것에 목숨 걸지는 말라고.

잘하는 것들을 하면서 같이 하는 거야.

할 수 없는 것만 보며 투덜대는 마음의 초점을

할 수 있는 것으로 조금씩 돌려보자.

그럼 넌 아무것도 할 수 없는 아이가 아니라, 잘 하는 것이 있는 아이

가 되는 거야.

자, 마음의 시각을 바꾸고 할 수 있는 것부터 해보는 거, 어때?

#노력의 가치에 대하여

누구나 잘하는 일이 있고 못하는 일이 있어.

그건 아무 문제가 아니야.

대신 못하는 걸 더 잘하기 위해서는 수십 배,

수백 배의 노력이 필요한 거야.

그만큼의 시간과 노력이 필요한 거지.

**시영** 수학을 잘하고 싶어요. 노력을 안 하는 게 아니라, 노력을 하는데도 잘 안돼요. 그게 너무 스트레스라서 매일 수학 문제집을 잡고 있는데도 점수가 안 올라요. 아휴, 어쩌면 좋을까요?


에이,

대신 더 잘하고 점수도 오르는 과목이 있지 않아?

우선 못하는 것만 생각하고

우울해하기보다는

더 잘하는 과목도 있다고 생각하고

힘을 냈으면 좋겠어.

열심히 공부해서

금방 점수가 오르는 과목이 있다면,

열심히 공부해도

점수가 오르지 않는 과목도 있는 게 공평하잖아. ^^

절대 안 된다는 생각은 버리고,

좀 더 노력해보자.


저번에 얘기했었잖아. 뇌의 10퍼센트를 가지고 태어난 성악가 박모세. 그는 평창 올림픽에서 애국가를 부르며 우리에게 알려졌지만, 그 이전에도 많은 노력을 했어.

2001년 여자프로농구 개막식, 2007년 수원시 장애인 가요제, 2012년 KBS 라디오 〈2시의 희망가요〉 장애인 가요제 등 많은 곳에 나가서 열심히 노래를 불렀지. 그리고 지금도 열심히 노래하고 있어. 얼마나 많이 노력했을까, 짐작이 되니?

아무리 절대음감이 있고, 노래를 하는 재능이 있다고 해도 엄청 노력했을 거야. 뇌의 10퍼센트밖에 없다는 건 그저 아이큐가 나쁜 게 아니라, 지적장애, 시각장애, 신체장애까지 가져오는 엄청난 일이었거든. 모세가 노래를 부를 수 있었던 건, 우리보다 열 배, 백배의 노력이 필요한 일이었을 거야.


시영아,

우리는 조금 해보고 안 된다고

포기하고 좌절하면서

다른 사람들은 뭔가 조금만 노력해도

더 잘 되는 것 같지만

그렇지 않아.

우리가 부러워하는 사람들은

우리가 생각하는 것보다 훨씬 더 많이 노력해서

그 자리에 있는 사람들인 거야.

누구나 잘하는 일이 있고 못하는 일이 있어.

그건 아무 문제가 아니야.

대신 못하는 걸 더 잘하기 위해서는

수십 배, 수백 배의 노력이 필요한 거야.

그만큼의 시간과 노력이 필요한 거지.

우리, 조금 길게 보고 또 노력해보자.

그럼 언젠가 좋은 결실을 맺을 수 있을 거야.

화이팅!!

#포기하면서도
나아간다는 것

성공했다고 생각하는 사람들도 포기했을 거라고.

포기하지 않고 끝까지 간 게 아니라, 포기하면서 갔을 거라고.

그러니까 몇 과목씩 포기할 수도 있는 거라고.

그런데 그게 입시를 아예 포기한 것이거나,

더 나아가 인생을 포기한 것은 절대 아니라는 얘기를 하고 싶어.

영우 　작가님, 저는 공부를 포기하려고 해요. 수포, 국포, 영포···. 이미 다 포기했는지도 몰라요. 이제 고2가 되는데, 답이 없네요. 이미 입시는 실패인 것 같아요. 어쩌면 인생이 실패일지도 몰라요. 어른들은 아직 포기는 너무 빠르다고 하는데, 작가님도 똑같이 말씀하실 거예요? 그러면 실망할지도 몰라요.


에고, 영우야, 어쩌니?

작가님이 너무 슬프다.

네가 곧 나에게 실망할 거니까 말이야.

사실은 나도 포기는 아직 너무 빠르다고 얘기할 거거든.

실망했어도 이야기는 끝까지 들어주기를 부탁하며, 이야기를 시작할게.


언젠가 인터넷에서 돌아다니던 글이, 공감이 돼서 메모해둔 적이 있어. 무슨 글이냐면, 제목이 '포기한 친구들을 위하여'였어. 여섯 개의 항목으로 나눠진 글이었는데, 그 글을 너에게 읽어주고 싶어졌네. 한번 들어봐.


1. 20년 넘게 글을 쓰면서도 평론가들로부터 "너저분한 잡동사니 같은 글만 쓴다."는 비판을 받았던 작가의 이름은 도스토예프스키다.

2. 하워드 슐츠는 '스타벅스 사업계획서' 때문에 217명의 투자자로부터 투자 거절을 받았다.

3. NBA 시절 9,000번의 슛을 실패하고 3,000회의 경기에서 패배한 선수의 이름은 마이클 조던이다.

4. 빈민가에서 남들이 먹다 버린 빵을 주워 먹던 한 청년은 디즈니랜드를 설립한다. 그의 이름은 월트 디즈니다.

5. 수십 곳의 의상실로부터 "당신은 절대로 패션 디자이너가 될 수 없다!"는 말을 들은 한 청년은 패션의 전설이 된다. 그의 이름은 크리스찬 디오르다.

6. 한 잡지 편집장으로부터 "이런 글 실력으로는 절대로 작가가 될 수 없다."라는 핀잔을 받은 한 무명 작가는 『노인과 바다』로 노벨 문학상을 수상한다.


영우야, 왜 이 글을 읽어주는지 알겠어?

네가 성공했다고 알고 있는 사람들도 다 포기하고 싶은 순간들이 많았을 거라고?

포기하고 싶었지만 포기하지 않고 끝까지 가야 성공할 수 있다고?

그래, 그런 얘기도 뻔하지만 중요하지.

하지만 내가 하고 싶은 이야기는 그게 아니야.

성공했다고 생각하는 사람들도 포기했을 거라고,

포기하지 않고 끝까지 간 게 아니라, 포기하면서 갔을 거라고,

그러니까 몇 과목씩 포기할 수도 있는 거라고.

그런데 그게 입시를 아예 포기한 것이거나,

더 나아가 인생을 포기한 것은 절대 아니라는 얘기를 하고 싶어.

갑자기 포기를 취소하라는 말은 하지 않을게.

대신, 지금 그 상태에서, 한 걸음씩 나아가줘.

포기하면서 간다 해도 실패한 인생은 아니고,

4
장

어울려
지내는 게
힘들어요

#작은 따뜻함을 나눠보자

네가 먼저 따뜻해져봐.

힘들어하는 친구의 어깨를 토닥토닥 두드려줄래?

일에 지친 부모님께 사랑한다는 카톡을 날려보는 건 어때?

네가 먼저 손을 내민다면 사람들이 네 손을 잡을 거야.

남을 돕는다는 건 먼저 손을 내민다는 거니까.

네가 먼저 너의 따뜻한 손을 내밀어봐.

혜민 써나쌤! 고민만 답해주시나요? 저는 고민이라기보다는 우울한 느낌에 대해 말하고 싶어요. 요즘 세상이 너무 삭막하다는 느낌이 들어요. 뉴스에도 나쁜 소식만 나오고, 주위 사람들도 너무 이기적인 거 같아요. 그런데 저는 남을 돕는 사람이 되고 싶거든요. 이렇게 삭막한 세상에서 그런 마음은 너무 이상한 건가요? 이상하지 않다면, 이런 마음을 어떻게 표현할 수 있을까요?

오! 너무 좋은 마음을 가지고 있는데?

삭막한 세상일수록 남을 돕는 사람은 필요하잖아.

그리고 사실 진짜 세상이 그렇게 삭막하지만은 않아.

우리가 접하는 언론은 세상을 편집한 거고,

우리가 편집본만 보고 세상이 그렇다고 생각하게 되는 거야.

그러니까 그건 극히 일부라고.

어쩌면 대부분은 그 일부보다 훨씬 더 멋지고 따뜻할 거야.

어느 경찰관 아저씨가 야간 순찰 중에 으슥한 뒷골목에서 스마트폰에 열중하고 있는 여중생을 발견했어. 아저씨는 여중생에게 왜 위험한 곳에 있느냐고 물었지. 여중생은 "여기서만 와이파이가 터져요."라고 대답했지. 그 여중생은 어렸을 때부터 어려운 가정환경에서 자랐어. 자신을 떠난 엄마와 연락이 되지 않는, 가슴 아픈 상황이었지. 휴대전화도 요금을 내지 못해서 정지되었어. 와이파이가 연결되면 친구들과 카톡이라도 할 수 있는데, 집에서는 와이파이가 연결되지 않았어. 그래서 집 밖에 나와 돌아다니며 와이파이가 연결되는 곳을 찾았지. 한참을 찾다가 드디어 연결되는 곳을 찾았지. 바로 으슥한 뒷골목. 거기서만 가능했어. 밤늦게 그런 곳에 혼자 있는 건 위험하다는 걸 알고 있었지만, 친구들과 연락을 하려면 어쩔 수 없었어.

아저씨는 여중생에게 이런 사연을 듣고 경찰서로 돌아갔고, 곧 다시 그 여중생을 찾아갔어. 집에 무선공유기를 설치해주기 위해서였지. 여중생은 극구 사양했지만, 아저씨는 꼭 설치해주고 싶다고 말하고 무료로 설치해주었지. 사실 설치는 어느 인터넷 업체에서 일하는 기사님이 해주셨어. 아저씨에게 그 사연을 듣고는 자신이 설치를 해주겠다고 나선 분이었지. 경찰관 아저씨는 여중생의 집에 무선공유기가 잘 설치된 걸 보고 활짝 웃었어. 그리고 경찰서로 돌아가는데, 아이에게서 카톡이 도착했지. 집에서 카톡이 너무 잘 된다고, 감사하다고 말이야. 경찰관 아저씨는 대답했지. 정말 잘 되었다고, 늘 응원하겠다고 말이야.


혜민아, 어때? 느껴지니?

경찰관 아저씨의 따뜻한 사랑과 설치 기사님의 따뜻한 배려 말이야.

쌤은 그 사랑과 배려를 마주하고 나서 덩달아 참 따뜻해지더라.

이런 이야기가 세상의 대부분이냐고?

아니, 이런 이야기도 세상의 일부야.

왜냐하면 이런 따뜻함은 세상에 무수히 많거든.

혹시 그렇지 않다는 생각이 든다면, 네가 먼저 따뜻해져봐.

힘들어하는 친구의 어깨를 토닥토닥 두드려줄래?

일에 지친 부모님께 사랑한다는 카톡을 날려보는 건 어때?

네가 먼저 손을 내민다면 사람들이 네 손을 잡을 거야.

남을 돕는다는 건 먼저 손을 내민다는 거니까.

네가 먼저 너의 따뜻한 손을 내밀어봐.

쌤이 늘 응원할게.

#흔들리면서도
꿋꿋이 해나가기

어떻게 흔들리지 않고 그런 삶을 유지하냐고?

에이, 그건 아닐 걸? 흔들릴걸?

아마 그럴 거야.

어떻게 흔들리지 않겠어?

흔들리지만 지키고 싶었을 거고,

지켰기 때문에 사람들이 많이 얘기하는 걸 거야.

미주 작가님, 꿈을 이룬 사람들도요, 위기가 오잖아요. 그런데 그 위기를 이기고 또 원래 마음먹은 대로 자신의 길을 가잖아요. 다 그런 건 아니지만 그런 이야기를 많이 들은 것 같아요. 어떻게 그럴까요? 특히 착한 삶을 사는 사람들이 위기를 만나도 흔들리지 않고 그런 삶을 유지하는 거 보면 신기해요.


어떻게 흔들리지 않고 그런 삶을 유지하냐고?

에이, 그건 아닐걸? 흔들릴걸?

아마 그럴 거야.

어떻게 흔들리지 않겠어?

흔들리지만 지키고 싶었을 거고,

지켰기 때문에 사람들이 많이 얘기하는 걸 거야.

그건 아마 자신의 어려움을 잊지 않는 마음에서 파생되는 것 같아.

개구리가 올챙이였던 시절을 기억하고

올챙이들을 향한 마음을 삶으로 표현하는 거라고 얘기하면 좀 쉬우려나?


언젠가 얘기했던 축구 선수 '크리스티아누 호날두' 이야기, 기억나? 가난하고 힘든 시절에 우연히 날아온 축구공 덕분에 꿈을 발견한 이야기, 했었지? 호날두가 축구 선수의 꿈을 이루긴 했는데, 그 과정에 위기가 없었던 건 아니야. 축구팀에 들어간 호날두는 여전히 가난하다는 이유로 사람들의 멸시를 받았어. 그래도 꿋꿋하게 꿈을 이루려고 노력했지.

동료들이 무시하며 패스를 한 번 해주지 않아도 견뎠고, 혼자 남아 축구 공을 닦으면서도 포기하지 않았어. 정말 힘겹게 선수 생활을 이어갔지. 그러던 중에 하늘이 무너지는 것 같은 소리를 들었지. 보통 사람보다 두 배 이상 빠르게 뛰는 심장 때문에 운동을 할 수 없다고, 의사가 말했거든. 수술하고 재활치료를 하면 많이 좋아지기는 하겠지만 운동은 위험하다는 거야. 호날두는 의사의 말대로 수술했고 재활치료를 했지. 하지만 의사의 말을 듣지 않고 운동을 계속했어. 도저히 포기할 수가 없었지. 죽더라도 축구장에서 죽고 싶은 마음이었어.

그 마음에 하늘이 감동했던 걸까? 드디어 데뷔전의 기회가 주어졌지. 호날두는 최선을 다해 데뷔전을 마쳤고, 한 통의 전화를 받았어. 자신의 팀으로 이적을 하라는 전화였지. 그 팀은 세계 최고의 구단으로 알려져 있는 '맨체스터 유나이티드'였고, 전화를 했던 사람은 퍼커슨 감독이었지. 호날두는 너도 알다시피 이제 최고의 축구선수지? 그런데 그가 멋진 건 올챙이 시절을 잊지 않기 때문이야. 그는 자신의 힘든 유년을 기억하기 때문에 공익을 위한 광고는 무료로 출연하지. 소말리아에 300억을 기부하기도 했고 자신의 팬의 수술비 전액을 지원하기도 했어. 아동 질병 퇴치와 아동구호 운동가로 활동하고 있기도 해.


운동을 그만둬야 한다는 의사의 말을 들었을 때,
호날두의 기분은 어땠을까?
무섭고 두렵지 않았을까? 어쩔 줄 모르고 흔들리지 않았을까?
아마 그랬을 거야.
하지만 그는 다시 중심을 잡고 꿈을 향한 달리기를 계속했지.

호날두가 퍼커슨 감독과 통화를 하고 입단을 결정했을 때,

가장 먼저 한 일은 어머니에게 전화한 거였대.

"어머니, 이제는 청소부 일을 하지 않으셔도 돼요."라는 말을 하기 위해서였지.

호날두는 그 통화를 할 때의 감동을 기억하고 있을 거야.

그리고 또 다시 흔들릴 때마다 떠올리고 마음을 다시 잡겠지.


미주야, 정말 중요한 건 말이야.

흔들리지 않는 게 아니라,

흔들려도 다시 중심을 잡을 수 있는 힘, 아닐까?

그리고 그 힘 중에 가장 큰 힘은,

올챙이였던 시절을 기억하는 데 있는 것 같아.

#넌 이기적인 게
아니야

세상은 더불어 살아가야 더 행복할 수 있는 거야.

친구가 있기에 네가 있는 거고, 네가 있기에 친구가 있는 거지.

조금만 더 배려하고 양보하며 함께하면 더 행복해질 거야.

다른 사람이 모두 슬픈데 한 명만 행복해질 수는 없는 거니까.

**초희** 저는요, 외동딸이에요. 제 주위 친구들은 다 형제나 자매가 있는데 저만 없어요. 그래도 문제는 없었는데요. 요즘은 제가 외동딸이서 이런가, 라는 생각이 가끔 들어요. 친구들과 함께 과제를 하거나 놀러 가거나 꼭 함께해야 할 일이 있을 때요, 제 의견이 받아들여지지 않으면 힘이 들어요. 그리고 왜 함께해야 하는지 잘 모르겠다는 생각이 들어요. 제가 너무 이기적인가요?


아니야, 초희야.

그건 너무 이기적인 건 아니야.

누구나 그런 생각이 들 때가 있거든.

누구나 그런 거니까 네가 이상한 건 아니야.

하지만 말이야.

그런 마음이 생기더라도 양보하고 배려하면 좋겠어.

세상은 함께 살아가야 하는 거니까,

혼자 살 수는 없는 거니까 말이야.


어떤 인류학자가 아프리카로 떠났어. 아프리카 여러 부족의 문화와 그 기원을 연구하려고 말이야. 그는 역시 직접 가기를 잘했다는 생각이 들었어. 여러 부족을 관찰하고 기록하다가 좋은 성과를 많이 얻었거든. 그리고 마지막으로 아이들의 문화를 관찰하기 위해 '반투족'이라는 부족 마을에 갔어. 인류학자는 아이들이 서로 노는 모습도 지켜보고 말을 걸어보기도 했지. 음식을 함께 먹기도 하고 여러 가지 질문을 하기도 했어. 그러던 어느 날, 그는 아이들에게 게임을 제안하려고 다가갔어. 그는 먼저 아이들에게 어떤 음식을 좋아하냐고 묻고, 아이들의 대답을 적었어. 그리고 아이들이 말한 음식들을 구하러 갔지. 하루가 지나고, 아이들이 좋아하는 음식을 구해온 인류학자는 아이들을 모았어. 아이들은 초롱초롱한 눈망울로 인류학자를 쳐다보았어. 인류학자는 아이들을 흐뭇한 표정으로 바라보며 말했지. "저기 나무가 168보이지? 저 나무에 너희들이 좋아하는 음식을 매달아놓을 거다. 달려가서 먼저 도착한 사람이 그것을 먹을 수 있다. 알겠지?" 아이들은 고개를 끄덕였어. 인류학자는 "시작!"을 외쳤지.

인류학자는 아이들이 서로 앞다투어 뛸 거라고 생각했어. 누가 먼저 뛰어갈지 궁금한 마음으로 아이들을 보았지. 그런데 그의 예상은 빗나갔어. 아이들은 한 명도 앞서 나가지 않았어. 어느 한 명도 각자 뛰어가지 않고 모두 손을 잡고 함께 가서 음식을 함께 나누어 먹었지. 인류학자는 그 광경을 보고 의아해하며 아이들에게 물었어. 한 명이 먼저 가면 다 차지할 수 있는데 왜 함께 뛰어갔냐고 말이야. 그러자 아이들은 우분투(UBUNTU)라고 외치며, "다른 사람이 모두 슬픈데 어떻게 한 명만 행복해질 수 있나요?"라고 대답했어.

초희야,
우분투(UBUNTU)는 반투족 말로
'네가 있기에 내가 있다(I am because you are)'라는 뜻이야.
과제를 혼자 하면 더 잘할 것 같기도 하고,
의견을 이야기하고 조율하는 게 힘들기도 할 거야.

그럴 때마다 '우분투'라는 말을 떠올려보자.

세상은 더불어 살아가야 더 행복할 수 있는 거야.

친구가 있기에 네가 있는 거고, 네가 있기에 친구가 있는 거지.

조금만 더 배려하고 양보하며 함께하면 더 행복해질 거야.

다른 사람이 모두 슬픈데 한 명만 행복해질 수는 없는 거니까.

#넌 혼자가 아니라고
말해주렴

외롭고 힘든 청소년들에게 누군가 옆에 있다고,

절대 혼자가 아니라고 말해주고 알려주면 좋겠어.

그 마음만 잘 전달되어도 참 많은 청소년들이 살아날 거야.

**지은** 저는 작가님처럼 청소년들을 돕는 사람이 되고 싶어요. 청소년들을 상담하는 상담가가 될지, 청소년들을 가르치는 선생님이 될지, 아직 정확한 꿈을 정하지는 않았지만…. 청소년들과 함께하는 사람이 되고 싶은 건 확실해요. 그런 저에게 실제로 제 꿈을 살고 있는 작가님이 해주실 조언을 듣고 싶어요.


아이쿠, 고마워라.

청소년들과 함께하는 사람이 정말 필요한데

그런 일을 하겠다니 무지 고맙네.

그리고 영광이야.

내가 지은이의 꿈을 살고 있다니….

사실 나는 청소년들과 함께하겠다고

지은이 나이 때부터 꿈을 꾼 건 아니라서,

어떤 과정을 밟아야 하고…

뭐 이런 조언은 잘 모르겠어.

다만, 한 가지,

네가 함께할 청소년들 곁에

네가 있다는 걸 알려주는,

그런 삶을 살았으면 좋겠어.


2014년에 미국의 뉴욕 버팔로에서 있었던 일이야. 한 버스가 다리 위를 지나가다가 갑자기 멈췄지. 버스 안에 승객들은 당황했고, 그 버스가 멈추는 것을 본 다른 차의 운전자들도 깜짝 놀랐지. 더 놀란 건 버스 운전기사가 버스 밖으로 나오는 거야. 승객들은 "버스 기사가 미친 거 같다."며 웅성거렸지.

하지만 잠시 후에 버스 기사가 미친 게 아니라는 게 밝혀졌지. 기사는 다리 난간에 위태롭게 서 있던 소녀에게 다가갔거든. 그리고 손을 내밀어 소녀를 붙잡았어. 기사는 운전하고 가다가 소녀를 발견하고 버스를 멈췄던 거야. 그리고 스스로 목숨을 끊으려는 소녀를 구하러 간 거지. 기사는 소녀에게 위로의 말을 건네며 시간을 끌었어. 경찰이 올 때까지 소녀의 곁을 지켰지.

잠시 후, 경찰이 도착했고 소녀를 경찰에게 부탁하고, 다시 버스에 올랐어. 승객들은 기립박수를 쳤지.


지은아,
사람은 누구나 외롭지만
청소년 시기에는 더 외로움을 느껴.
세상에 혼자만 남겨진 기분이라고 말하는
청소년들을 많이 만나.


너도 나중에 그런 청소년들을 많이 만날 거잖아.
그럼 외롭고 힘든 청소년들에게
누군가 옆에 있다고,
절대 혼자가 아니라고
말해주고 알려주면 좋겠어.

그 마음만 잘 전달되어도

참 많은 청소년들이 살아날 거야.

#외롭고 무서워해도
괜찮단다

때로는 어떤 이유도 찾지 못한 채 혼자라고 느낄 수 있어.

그래서 외롭고 무섭고 두려울 수 있어.

그건 신이 우리에게 주신 감정 중에 하나인 거야.

그건 잘못한 것도 이상한 것도 아닌 거야.

그런데 사실이라고 믿지는 마.

사실 너는 절대 혼자가 아니야.

사실 너는 엄청 멋진 아이야.

사실 너는 무엇이든지 할 수 있어.

이게 사실이야.

진서 작가님도 세상에 나 혼자만 같을 때가 있어요? 그래서 두렵고 무섭고 떨릴 때가 있었어요? 저는 요즘 자꾸 그런 느낌이 들어요.


진서야,

물론 나도 그럴 때가 있지.

두렵고 무섭고 떨려서 한 발짝 내딛는 것도 힘들 때가 있어.

누구나 그럴 때가 있을 거야.

그런 느낌이 드는 네가 이상한 게 아니라는 말이야.

그럴 수 있어.

그런데 그게 사실이 아니라는 건 알아야 해.

넌 혼자가 아니야.


네 또래의 한 아이가 친구들과 오토바이를 훔쳐 달아나다가 경찰에게 잡혀서 구속되었어. 그런데 그 소녀는 이미 열 번이 넘게 비슷한 죄를 저질러서 무거운 벌을 받아야 했어. 똑같은 죄가 반복되면 형벌은 더 무거워지거든. 소녀도 그 사실을 알고 있었어. 소녀의 어머니도, 소녀의 재판을 맡은 판사도 알고 있었지.

소녀는 무서웠지. 이 세상에 벌을 받고 싶은 사람은 없잖아. 소녀도 그랬어. 죄를 지어서 벌을 받아야 한다는 건 알았지만, 그 벌이 참 무섭고 두려웠지. 재판장에 들어선 소녀는 떨고 있었지. 옆에 앉아 있던 소녀의 어머니도 마찬가지였어. 판사는 어머니와 소녀를 번갈아 보다가 재판에 관련된 질문을 했지. 그리고 판결을 내려야 할 시간이 다가왔어. 판사는 무겁게 입을 열었지. "앉은 자리에서 일어나 날 따라 외칠 수 있겠니?" 판사의 입에서 판결이 내려질지 알았던 소녀는 어리둥절한 표정으로 고개를 끄덕였어. 판사는 말을 이었지. "자, 따라해보렴. 나는 이 세상에서 가장 멋있게 생겼다!" 소녀는 나지막한 목소리로 따라했어. "나는 이 세상에서, 가장, 멋있게, 생겼다···." 판사는 또 이어서 말했지. "자, 이번에는 좀 더 크게 따라하렴. 나는 이 세상이 두려울 게 없다. 나는 혼자가 아니다. 나는 무엇이든지 할 수 있다!" 소녀는 좀 더 큰 소리로 따라했지. "나는 이 세상이 두려울 게 없다. 나는 혼자가 아니다···." 소녀는 말을 마치기도 전에 울어버렸지. 소녀의 어머니도, 판사도 눈시울이 붉어졌어. 그리고 놀랍게도 '판사를 따라 외치는 것'이 소녀에게 내려진 판결이었지. 판사가 왜 이렇게 결정했냐고?

이 소녀는 어려운 가정환경에서도 열심히 공부하며 밝게 생활하는 학생이었거든. 그런데 1년 전, 하교길에서 남학생 여러 명에게 집단 폭행을 당했어. 그 충격으로 인해 정신과 진료를 오랫동안 받아야 했어. 소녀의 어머니도 그 충격으로 신체 일부가 마비되는 고통을 겪어야 했지. 그 이후로 소녀는 학교생활을 제대로 하지 못했고, 비행 청소년들과 어울리며 물건을 훔치는 일을 반복했어. 판사는 재판을 마치며 청중들에게 말했어. "이 소녀는 가해자로 재판에 왔습니다. 그러나 이렇게 삶이 망가진 것을 알면 누가 가해자라고 말할 수 있겠습니까? 이 아이가 잘못의 책임이 있다면 여기에 앉아 있는 여러분과 우리 자신입니다. 이 소녀가 다시 이 세상에서 긍정적으로 살아갈 수 있는 유일한 방법은 잃어버린 자존심을 우리가 다시 찾아주어야 합니다."라고 말이야.

진서야,

너도 어떤 일이나 상황으로 인해,

때로는 어떤 이유도 찾지 못한 채 혼자라고 느낄 수 있어.

그래서 외롭고 무섭고 두려울 수 있어.

그건 신이 우리에게 주신 감정 중에 하나인 거야.

그건 잘못한 것도 이상한 것도 아닌 거야.

그런데 사실이라고 믿지는 마.

사실 너는 절대 혼자가 아니야.

사실 너는 엄청 멋진 아이야.

사실 너는 무엇이든지 할 수 있어.

이게 사실이야.

그러니까 감정 때문에 너를 부인하지는 않았으면 좋겠어.


그리고 너는 절대 혼자가 아니고

무엇이든지 할 수 있는 엄청 멋진 아이라는 사실을 꼭 기억해줬으면 좋

겠어.

#뒷담화가 너무 신경 쓰여요

뒷담화라는 불은 사실이라는 장작이 있어야 활활 타올라.

장작이 없으니 금방 꺼질 거야.

너의 소중한 감정을 낭비하지 말자.

이미 불은 꺼지고 있는 중일 테니까.

경인 작가님, 요즘 뒷담화 때문에 괴로워요. 애들이 제 뒷담화를 한다는 걸 알아버렸거든요. 저와 친한 녀석이 얘기해주었는데, 이제는 그 녀석도 미워요. 그냥 아무것도 모르는 게 더 좋았을 걸 그랬어요. 학교 복도를 지나가면 애들이 다 저를 보고 수군거리는 것 같고··· 그런 건 아닌 거 알면서도 뒷담화를 한 애들이 누구인지, 몇 명을 제외하고는 모르니까··· 생각보다 많겠지, 라는 생각이 들어서 힘드네요. 걔네들이 하는 얘기가 사실이 아니니까 더 억울하고 힘들어요. 자살각이에요.

힘들지. ㅜㅜ
작가님도 그 마음 알아.
내 뒷담화를 하는 사람은 왜 없었겠어.
정말 친하다고 생각했던 사람들이
내 뒷얘기를 한다는 걸 알았을 땐 진짜 힘들더라.
자살각이라는 네 말 이해하고 공감해.
나도 그런 일을 겪었을 때가 기억나.
그때 말이야.
나도 너랑 같은 심정이었거든.
너무 힘들어서 내가 좋아하는 어른께 물었어.
내 얘기를 하고 다닌 사람은 몇 명인데,
마치 모든 사람이 다 그런 것 같아 힘들다고.
그랬더니 그 어른이 해주신 이야기가 있어.
그 이야기를 듣고 복잡했던 마음이 말끔하게 청소되는 느낌이었어.

너도 그러기를 바라면서 그 얘기를 해줄게.

어떤 부자가 있었어. 그는 아주 경치가 좋은 곳에 자신만의 집을 지었지. 집을 짓자마자 인터뷰 요청이 쇄도했어. 집이 무척 아름다워서 말이야. 집을 보는 사람들은 모두 부러워했지. 그는 신이 났어. 사람들이 모두 부러워할 집을 가졌다니, 그럴 만도 하지? 그런데 문제가 한 가지 생겼어. 새벽이 되면 개구리 소리가 나는 거야. 날이 지날수록 소리는 점점 크게 느껴졌어. 부자는 몇 날 며칠 잠을 설쳤지. 그러다가 도저히 안 되겠어서 수소문을 했어. 집 주위의 개구리를 다 잡아준다면 거액의 돈을 주겠다고 말이야.

한 사람이 나타났지. 그는 바퀴벌레도, 귀뚜라미도 다 잡아봤다면서 개구리는 문제도 아니라고 했지. 부자는 그럼 얼른 개구리를 다 잡아달라고 했어. 그는 한나절이 지나서 개구리를 다 잡았다고 했어. 부자는 믿을 수 없었지. 그렇게 많은 개구리를 한 나절 만에 잡았다니까 말이야. 부자는 내일 아침이 되면 돈을 주겠다고 했어. 밤새 개구리 소리가 나는지 확인해보려고 한 거야. 그리고 다음 날, 부자는 그에게 약속한 돈을 주었지. 밤새 개구리 소리가 나지 않았던 거야. 부자는 돈을 주고 나서 물었어. 도대체 몇 마리가 있었냐고. 그는 싱긋 웃으며 손에 들고 있던 비닐봉지를 들어 보였지. "이게 전부입니다." 하고 말이야. 부자는 눈이 휘둥그레져서 물었어. 정말 이게 전부냐고 말이야. 그는 그렇다고 했지. 부자는 비닐봉지 안을 확인해보았어. 비닐봉지 안에는 겨우 개구리 세 마리가 들어 있었지. 부자는 어이가 없는 표정을 지었고, 그는 바퀴벌레든 귀뚜라미든 잡아야 할 때 다시 불러달라며 떠났어.

진짜 어이가 없지? 겨우 세 마리라니.

그런데 그런 거야, 경인아.

소리만 들으니 백 명인 것 같지만 겨우 세 명인 거야.

그러니까 그냥 잊어버려.

나이가 들어 어느 집단에 속하든 그런 사람들은 꼭 있어.

모두가 널 좋아할 수는 없잖아.

모두가 날 좋아할 수도 없거든.

그냥 몇 명은 우리를 싫어할 수도 있는 거야.

뒷담화라는 불은 사실이라는 장작이 있어야 활활 타올라.

장작이 없으니 금방 꺼질 거야.

개구리 세 마리의 소리에 자살각이 될 정도로,

너의 소중한 감정을 낭비하지 말자.


이미 불은 꺼지고 있는 중일 테니까.

#공감할 수 있는 마음

넌 참 멋진 거야.

친구가 울면 함께 우는 넌 울보가 아니라,

친구의 슬픔을 공감할 수 있는 '공감 능력자'인 거야.

**경윤** 쌤, 저는요. 눈물이 너무 많아요. 특히 친구가 울면 따라 울어서 걱정이에요. 사실 어렸을 때부터 그랬어요. 유치원 때요, 옆집에 민정이라는 친구가 살았는데요. 그 친구 엄마가 바빠서 우리 엄마가 아침에 저랑 유치원에 같이 보냈거든요. 그런데 민정이는 우리 집에 오면 항상 울었어요. 엄마가 회사에 가서 슬펐나봐요. 그럼 저도 옆에서 따라 울었어요. 그때는 뭐 어렸으니까요. 그런데 이제 다 컸는데도 그러네요. 친구가 울면 따라서 눈물이 나요. 꼭 울지 않고 위로를 해줘도 좋을 텐데, 제가 더 많이 울 때도 있어요. 너무 주책없어 보이는 거 같아서 고민이에요.

그래, 쌤도 네 마음 알 것 같아.

너는 진짜 공감이 되어서 그런 건데,

이제 다 컸으니 주위 시선이 신경 쓰이고, 너무 울보 같기도 할 거야.

그런데 경윤아,

쌤은 네 마음이 무지 예쁘게만 느껴지는걸.

어른이 되면서 공감 능력이 줄어든다는 생각이 많이 들거든.

쌤도 친구가 울면 울고, 친구가 웃으면 웃었는데

지금은 진심으로 그렇게 공감되는 횟수가 자꾸 줄어드는 거 같아.

오히려 네가 부럽다고 하면, 넌 믿을까?

믿지 않아도 할 수 없지만, 진짜 그렇다.

그리고 공감할 수 있는 능력은 정말 귀한 거야.


데니스 레이더라는 사람이 있었어. 그는 두 자녀와 부인을 둔 자상한 가장이었지. 미국 캔자스 주의 시청 공무원이었고, 마을 교회의 운영 위원장이기도 했어. 지극히 이성적인 사람이기는 했지만 일상생활에 아무 문제가 없었지. 주위 사람들로부터 존경받는 평범한 시민이었어. 그런데 그가 10명의 사람을 죽인 연쇄살인범이라는 사실이 밝혀져 논란이 되었지. 그가 잡혀가는 현장을 보고도 사람들은 믿지 않았어. 그가 나오는 뉴스를 보고도 사람들은 자신의 눈을 의심했지. 하지만 그는 스스로 자신의 별명을 BTK라고 말하면서 자신의 범행을 시인했어. BTK는 'Bind Torture Kill(묶고 고문하고 죽인다)'의 줄임말이야.

어떻게 그는 그렇게 감쪽같이 평범한 사람 행세를 할 수 있었을까? 어떻게 공무원으로 일하고 교회의 운영 위원장까지 맡을 수 있었을까? 그에게는 사람들에게 있는 한 가지 능력이 없었기 때문이야. 그게 바로 '공감능력'이지. 그는 자신이 죽인 사람들의 고통을 느낄 수 없었어. 다른 사람들의 감정을 전혀 느낄 수 없었지. 웃는 얼굴과 우는 얼굴을 사진으로 보여줬는데, 두 사진이 뭐가 다른지 모르는 거야. 정말 놀랍지? 독일 심리학자 슈나이더는 이런 사람들을 통틀어 반사회적 성격장애, 사이코패스라고 정의했어. 이들은 타인의 고통을 느끼지 못하니까 동정심이나 죄책감도 없대. 하지만 이성적인 능력은 지극히 정상이라 정상적인 생활이 가능하대.

경윤아,
공감 무능력자들의 숫자가 늘어나고 있대.
그런데 놀라운 건 이들이 현대사회에서 오히려 능력자로 살 수도 있다는 거야.

타인의 감정에 구애받지 않고 자신의 욕망을 냉정하고 침착하게 구현할
수 있기 때문이야. 그런데 쌤은 그건 별로 부럽지 않아.

사람들과 더불어 공감하며 살고 싶다.

내가 사랑하는 사람들과 진심의 관계를 형성하고,

마음을 공유하고 싶어.

친구가 울면 웃고, 친구가 웃으면 웃으며 살고 싶어.

그게 사람처럼 사는 거 아닐까?

그러니까 넌 참 멋진 거야.

친구가 울면 함께 우는 넌 울보가 아니라,

친구의 슬픔을 공감할 수 있는 '공감 능력자'인 거야.


오, 능력자! 그 마음 그대로 간직해줘! ^^

#우리는 그저
다를 뿐이잖아

사람은 정말 개개인이 다른 존재야.

그런데 그 '다름'을 '틀림'으로 오해하면 힘들어져.

'다름'이라는 걸 알고, 그 '다름'을 인정하면 마음이 편해지지.

쌤, 저는 베프가 있는데요. 이상하게 그 친구랑 의견이 매번 달라요. 한 번도 똑같은 의견을 낸 적이 없어요. 그런데 계속 친해요. 그게 참 신기하지만 그래요. 친구들도 어떻게 그렇게 틀린 사람들끼리 친하냐고 그래요. 뭐든 반대거든요. ㅎㅎ 그래도 괜찮긴 한데, 한 번쯤은 똑같은 의견이있으면 좋겠어요. 어쩜 베프인데 이렇게 틀릴 수가 있을까요?

사람은 당연히 틀린 거야. 아니, 틀리다는 말은 틀리다.

틀린 게 아니라 다른 거야.

지금까지 살아온 환경도 다르고, 성격도 다르잖아.

그 외에도 서로 다른 점이 많을 거야.

그러니까 의견도 다를 수밖에 없는 거지.

어쩌면 그래서 더 친해지는 계기가 되었을걸?

사람은 원래 자신과 똑같은 사람보다 다른 사람에게 호감을 느끼거든.

그리고 쌤도 수업을 해보면 정말 사람의 의견은 다양하다는 사실을 참 많이 느끼게 되더라.

쌤이 어느 학교에서 스토리텔링 수업을 하고 있었어. 이야기를 들려주고 토론을 하는 방식으로 수업을 진행했지. 어느 날, 소크라테스의 일화를 들려주고 의견을 나누었어. 무슨 일화냐면 말이야, 소크라테스에게 화가 난 그의 아내 크산티페가 악담 끝에 소크라테스의 머리에 물을 끼얹었다는 이야기였지. 그런데 소크라테스는 물벼락을 맞고도 아무 일 없었다는 듯 태연히 "천둥 번개 다음에는 큰 비가 내리게 마련이지."

라고 말했다는 거야. 여기까지 이야기를 들려주고, 학생들의 의견을 받았는데 말이야. 모두 다 크산티페를 욕할 것 같다는 쌤의 예상을 뒤엎고, 여러 가지 의견이 나왔어. 먼저 크산티페는 악처의 원조이며, 정말 악처라는 의견이 나왔어. 아무리 화가 나도 남편 머리에 물을 끼얹을 수 있냐며 흥분하는 친구도 있었지. 하지만 의외로 크산티페를 옹호하는 학생들도 있었어. 소크라테스는 철학자로 유명한 사람이고, 제자들과 어울려 다니면서 토론을 하는 멋진 사람이었지만 집에서는 좋은 남편이 아니었다는 거지. 돈도 못 벌고 토론만 하는 남편을 누가 좋아하겠냐는 거야. 크산티페가 원래 악처라기보다는 능력 없는 남편 때문에 악처가 되었다는 거지.

그 의견에는 고개를 끄덕거리는 학생들도 있었고, 또 반론을 펼치는 학생들도 있었어. 소크라테스가 그런 사람인지 알고 결혼했을 텐데 그렇다면 아무리 힘든 상황이라도 크산티페가 견뎠어야 한다는 거지. 능력을 탓할 거면 능력 있는 남편을 만났어야 한다는 의견이었어. 여기에 또 반론이 나왔지. 처음에는 사랑해서 결혼했지만, 점점 생활이 힘들어지면서 사랑도 식을 수 있다는 의견이었어. 학생들은 서로 다른 의견이 나오는 게 신기한지 토론을 끝낼 생각을 하지 않았지. 수업 시간이 끝나고도 토론이 계속되어서 쌤이 마무리를 짓느라고 진땀을 뺐어.

초빈아, 사람들은 다 의견이 다를 수 있어.
그 수업뿐만 아니라, 수업을 진행할 때마다 느끼는 사실이야.
사람은 정말 개개인이 다른 존재야.
그런데 그 '다름'을 '틀림'으로 오해하면 힘들어져.

'다름'이라는 걸 알고, 그 '다름'을 인정하면 마음이 편해지지.

'아, 나랑 다른 거구나, 저런 의견도 있는 거구나'라고 생각하면

네 시각도 더 넓어지는 거야.

한 가지 사건에 대해 여러 가지 시각을 경험하게 되니까 말이야.

앞으로도 그 베프랑 친하게 지내면서 다른 의견들로 대립하지 말고

서로의 의견을 수긍하고 인정해줘.

그럼 너희 둘 다 잘 성장하면서도 계속 베프로 지낼 수 있을 거야.

#자꾸 비교가 되고,
신경 쓰여요

적어도 너는 너를 비교의 저울에 올려놓지 않을 수 있잖아.

누구보다 네가 먼저 네 편이 되어줄 수는 있잖아.

남을 바꾸는 것보다 나를 바꾸는 게 더 쉽지 않겠어?

**미래** 저 요즘 한 친구가 너무 미워요. 경미라는 친구인데요. 사람들이 자꾸 경미랑 저를 비교해요. 저는 잘 모르겠는데, 많이 닮았대요. 그리고 무엇보다 성적도 비슷해요. 저번 시험에는 걔가 이겼는데, 이번에는 진짜 제가 이기고 싶어요. 그래서 열심히 공부하고 있는데, 아휴… 진짜… 지면 어떻게 하죠? 왜 저랑 비슷한 친구가 하필 작년하고 올해 또 같은 반이어서 비교당하는지 모르겠어요. 속상해요, 정말….

아휴, 가슴이 아프네. 진짜 속상하겠다.

비교 당하는 거 진짜 싫은 건데… 그 맘 알 것 같아.

그래서 무슨 이야기를 해줘야 할까, 쌤도 고민을 많이 했는데….

문득 아사다 마오가 생각나더라.

알지? 김연아랑 끊임없이 비교 당하던, 일본 선수 아사다 마오 말이야.

우리는 김연아가 우리나라 선수라서 아사다 마오를 미워하기도 하고,

아사다 마오가 아무리 노력해도 김연아가 최고라고 했지만,

쌤은 자꾸 아사다 마오에게 마음이 쓰이더라.

은퇴 무대에서 트리플 악셀을 성공하고

평평 울던 모습이 잊혀지지가 않아.

아사다 마오는 주니어 대회를 모두 휩쓸며 일본의 미래 유망주로 주목받았어. 어린 나이에 최고 난이도 기술인 '트리플 악셀' 성공했지. 그런데 같은 대회의 2등이었던 김연아와 라이벌 구도가 부각되기 시작했어. 그때부터 끊임없이 비교를 당했지. 시니어가 되면서 더 이상 김

연아를 이길 수 없었고, 언론은 트리플 악셀을 성공시키면 김연아를 이길 수 있다고 부추겼어. 결국 아사다 마오는 어쩔 수 없이 매 경기마다 트리플 악셀을 넣었고, 결국 단 한 번도 성공하지 못했어. 그 힘든 상황 중에 아사다 마오의 어머니가 간암에 걸렸어. 그런데 가족 중에 엄마에게 간 이식을 하기에 적합하다는 판정을 받은 사람이 아사다 마오뿐이었어. 아사다 마오는 어머니에게 간 이식을 하려 했지만 어머니가 반대했지. 딸이 자신 때문에 피겨 스케이트를 타지 못하게 될까 봐 그랬어. 결국 어머니는 돌아가셨지.

어머니를 잃은 아픔을 딛고 피나는 노력을 거듭한 아사다 마오는 벤쿠버 올림픽에서 자신의 최고 기록을 갱신하지만, 김연아가 세계 신기록을 찍으면서 또 패배의 쓴맛을 보았어. 그 이후 김연아가 부상으로 대회에 나오지 않아 아사다 마오가 모든 대회를 휩쓸지만 김연아가 없어서라는 핀잔만 거세졌어. 결국 김연아와 소치올림픽에 나란히 서서 은퇴하기로 결정하지. 하지만 마지막 무대에서 마저 김연아를 이기지 못하고 중위권에 머무르게 되었어. 사람들의 관심은 김연아와 러시아 선수들의 대결에 쏠렸지. 그렇게 고독한 무대를 맞이한 아사다 마오는 자신을 평생 괴롭혔던 트리플 악셀을 성공시키고 울음을 터트리지. 그것이 아사다 마오의 마지막 무대였어.

아사다 마오의 마음이 느껴지지 않아?
비교당하면서 괴로운 너의 마음과 비슷할 거야.
물론 아픔의 정도는 더 깊었을지도 모르지만 말이야.
그래도 넌 네가 더 아플 거야.

사람은 누구나 자신의 아픔이 가장 깊다고 느끼기 마련이거든.

그건 너무 당연한 일이야.

그런데 말이야. 생각을 조금만 바꿔보면 어때?

경미 때문에 비교를 당한다는 생각이 아니라,

경미 덕분에 더 열심히 했다고 생각해보는 건?

비교 당하는 건 너무 슬픈 일이지만,

네가 그 슬픔 덕분에 더 열심히 한 건 사실이니까 말이야.


앞으로도 지금처럼 열심히 하고,

그렇게 열심히 노력하는 너를 칭찬해주면 좋겠어.

네가 이길 수도 있고 질 수도 있지만

네 삶에 최선을 다한 너를 너만은 인정해주면 좋겠어.

적어도 너는 너를 비교의 저울에 올려놓지 않을 수 있잖아.

누구보다 네가 먼저 네 편이 되어줄 수는 있잖아.

남을 바꾸는 것보다 나를 바꾸는 게 더 쉽지 않겠어?

기회는 꼭 오는 거야.

그리고 기회는 인생에서 꼭 한 번 만나는 큰 깃발이 아니라,

언덕을 넘을 때마다, 호수를 건널 때마다 만날 수 있는 작은 깃발들이야.

쌤, 저는 꿈을 위해 열심히 노력하고 있어요. 그런데요. 열심히 해도 기회가 없으면 소용이 없다는 생각이 들어요. 좋은 기회가 와서 꿈을 펼칠 수 있으면 좋겠는데, 기회가 오지 않으면 어떻게 하죠? 그리고 그 기회를 제가 엉망으로 망치면 어떻게 하죠? 그런 생각이 자꾸 들어서 두려워요.


우선 열심히 노력하고 있는 거, 멋져. ^^

그리고 걱정하지 마. 기회는 꼭 올 거야.

그리고 망친다고 해서 다음 기회가 오지 않는 건 아니야.


옥동자 역할로 인기를 끌었던 개그맨 정종철 씨, 알지? 정종철 씨가 전성기였을 때, 대학로 한 소극장에서 공연을 하고 있었어. 그런데 어떤 소년이 매일 교복을 입고 공연을 관람하러 왔지. 유료 공연이었는데 어떻게 매일 올까, 정종철 씨는 궁금해졌어.

그래서 그 소년을 불러서 물었지. 한두 번 보고 나면 재미가 없을 텐데 왜 매일 오냐고 말이야.

그 친구는 개그맨이 꿈이라고 답했어. 정종철 씨는 개그맨이 되려면 공부를 열심히 하고 똑똑해야 하니까 졸업하고 다시 오라고 했지. 그 뒤로 한동안 그 소년은 보이지 않았어. 하지만 얼마 후에 또 찾아오기 시작했지. 그 소년은 말했어. "저는 아저씨처럼 멋있는 개그맨이 될 거예요." 정종철 씨는 포기하지 않고 또 다시 찾아온 소년에게 "공연 자유 이용권을 줄 테니 무료로 봐라. 그 대신 우리들 심부름이나 하고 그래."라고 말했어.

그 소년은 활짝 웃었고, 그 뒤로 매일 공연장을 찾았어.

공연을 보고는 자기 아이디어를 적어 내기도 했지. 시간이 흘러 그 소년은 고3이 되었고, 수능 시험을 치렀어. 정종철 씨는 그 소년을 공연 코너에 서게 해주었지. 그런데 그 소년이 너무 많이 긴장을 한 거야. 공연 시간 5분을 채우지도 못하고, 땀을 한 바가지 흘리고 내려왔지. 그렇게 첫 무대를 엉망으로 만들고, 소년은 참 힘들어했지. 하지만 포기하지 않았어. 다시 또 공연을 보고, 또 아이디어를 적고, 또 열심히 연습했지. 그리고 시간이 흘러, 소년에게 다시 기회가 찾아왔지. 그는 개그맨이 되었어. 그리고 2010년 겨울, 한 방송사의 연예대상 시상식에서 코미디부분 신인상을 수상하기도 했지. 그가 바로 개그맨 최효종이야.

영우야,

노력하는 자에게 기회는 꼭 오는 거야.

그리고 기회는

인생에서 꼭 한 번 만나는 큰 깃발이 아니라,

언덕을 넘을 때마다,

호수를 건널 때마다

만날 수 있는 작은 깃발들이야.

그러니까 걱정하지 말고,

겁내지 말고,

지금처럼 노력하며 나아가자! 파이팅!!

# #끝나기 전까진
끝난 게 아니야

진짜 끝나기 전까지는 끝난 게 아니야.

과정 중에 넘어지는 건 실패가 아니라 실수야.

실수는 누구나 할 수 있는 거잖아.

민혜 저는 노력을 하다가 잘 안 되면 자꾸 포기하고 싶은 마음이 들어요. 다시 노력해야 한다는 걸 알지만, 아무것도 하기 싫어져요. 이미 잘 안 된 거니까 노력해도 잘 안 될 거같다는 생각이 들고요. 어떻게 해야 돼요?

민혜의 질문 속에 답이 다 들어있는 거 같은데?

다시 노력해야 한다는 걸 알고 있잖아.

그런데도 잘 안 될 거 같다고?

그렇지 않아.

과정 중에 잘 안 된다고

결과가 안 좋은 건 아니거든.

그리고 세상에는 말이야,

잘 안 되는 일을 몇 번씩 겪고도

또 노력해서 잘 되는 일이 더 많아.

2008년도에 어느 육상대회에서 일어난 일이야. 600미터 달리기에서 한 선수가 처음부터 1등을 놓치지 않았지. 다른 선수들보다 월등하게 앞섰고, 경기를 지켜보는 사람들도 그 선수가 일등이라고 예상했어. 2등으로 달리고 있는 선수와 거리도 꽤 차이가 났거든.

그런데 결승점에 도착하기 전, 고작 한 바퀴를 남겨놓고 그 선수가 넘어지고 말았어. 살짝 넘어진 게 아니라, 도저히 다시 일어설 수 없을 것 같다고 느낄 만큼 심하게 넘어졌지. 그 선수가 넘어진 사이, 2등으로 달리던 선수가 1등이 되었어.

그 선수가 다시 일어나지 못한 채로 경기가 끝날 것 같았지. 그런데 이게 웬일이야? 그 선수가 다시 힘을 내서 벌떡 일어났어. 그리고 열심히 달렸지. 그것만으로도 사람들은 박수를 보냈어.

넘어진 채로 구급차에 실려갈 줄만 알았던 선수가 일어나서 다시 뛰는 것만으로도 칭찬받을 만하잖아. 사람들은 그 정도에서 만족했던 것 같아. 하지만 그 선수는 그 정도에서 만족하지 않았어.

다시 1등을 찾고 싶다는 열정을 가지고 온 힘을 다해 달렸지. 앞서 달리던 선수들을 도저히 따라잡을 수 없을 것처럼 보였지만, 포기하지 않았지. 그리고 사람들은 믿을 수 없다고 말했어. 결승 지점에 1등으로 들어온 선수가 바로 그 선수였거든.

민혜야,

진짜 끝나기 전까지는 끝난 게 아니야.

과정 중에 넘어지는 건
실패가 아니라 실수야.
실수는 누구나 할 수 있는 거잖아.

이미 잘 안 된 게 아니라,
한 번의 실수를 했을 뿐이라고 생각해 봐.

다시 노력하면 분명히 잘 될 거야.

196

넌 분명히 잘 할 수 있어!!

#가끔은 무작정 웃어봐

친구의 말처럼 웃으면 기분이 조금 나아질 거야.

웃음은 마음의 병을 치료하는 가장 좋은 치료약이거든.

미나 중간고사 끝나고 기분이 너무 우울해졌어요. 도무지 웃음이 나오지 않아요. 친구는 개그 프로그램을 보고서라도 웃으라는데, 그게 정말 도움이 될까요? 제 마음이 이렇게 우울한걸요.


많이 우울했구나.

친구의 말처럼 웃으면 기분이 조금 나아질 거야.

웃음은 마음의 병을 치료하는 가장 좋은 치료약이거든.


버지니아의 한 정신병원에 자신이 우울증이 있다며 스스로 입원하겠다는 한 남자가 찾아왔어. 그곳에는 자폐증, 정신분열, 결벽증 등 마음의 병을 앓고 있는 사람들이 많았지. 남자는 그렇게 그들과 생소한 입원 생활을 시작하게 되었어. 적어도 그들보다 정상적이었던 남자가 할 수 있는 것은 오직 그들을 즐겁게 해주는 것뿐이었지.

그런데 정말 신기하게도 크고 작은 변화들이 생겨났어. 결벽증 환자가 사람들과 함께 식사를 할 수 있게 되었고, 자폐증 환자가 혼자 화장실을 가고, 아무 표현도 할 수 없던 환자가 감정을 표현할 수 있게 되었어. 단지 그들과 즐겁게 놀아주는 것만으로 병원에서 치료하지 못한 병들을 그가 치료하기 시작한 거야.

그것뿐만이 아니야. 남자는 그들과 함께 생활하는 동안 자신의 우울증도 감쪽같이 치료된 것을 알게 되었지.

이 사실을 깨달은 남자는 의사가 되기로 결심했어. 늦은 나이에 힘겹게 버지니아 의대에 들어갔고 졸업 후 남자는 여느 의사들과 조금 다른 길을 걷기 시작했지. 남자는 하얀색의 의사 가운 대신 밝은 하와이언 셔츠를 입고 얼굴엔 붉은 광대코를 달고 진료했어. 환자에게 먼저 웃으며 다가갔고, 환자들을 이름 대신 애칭으로 불렀지. 다른 의사들은 그의 행동을 두고 지나치게 감성적이며 사적이라고 비난했어. 그러나 그로 인해 병원은 변하기 시작했어.

언제나 침울했던 백혈병 어린이 병실에서 아이들의 해맑은 웃음소리가 들리기 시작했고, 치료를 완강히 거부하던 시한부 환자는 삶에 대한 의지가 생겨 치료를 부탁했지.

변화를 목격한 다른 의사들과 간호사들도 점차 그를 따라 함께 웃기 시작했어. 환자들은 그를 아픔을 치료해주는 친구, 패치(patch) 아담스라고 불렀어.

그가 바로 영화 〈패치 아담스〉의 실제 주인공 '헌터 도허티 아담스'야.

미나야,

정말 웃음이 치료약이지?

웃음을 터뜨릴 수밖에 없는 환경이 주어졌을 때

뇌는 그 웃음을 인지하게 된대.

그에 따라 신경전달물질이 흘러나와

웃음보를 자극한대.

억지로라도

입을 크게 벌리고 웃어도 똑같은 효과가 있대.

그러니까, 웃어보자.

그럼 너의 마음도 한결 밝아질 거야.

#자꾸 유치한 생각이 들어요

엄마랑 아빠는 변함없이 널 사랑할 거야.

언제나 그 자리에 있는 바다처럼

언제나 그 자리에서 널 사랑하고 계실 거야.

그 사랑은 쉽게 변하지 않아.

다만 네가 잠시 느끼지 못할 뿐이야.


사랑도, 바라보고 느껴야 심장에 닿는 거래.

서우 조금 어린아이 같은 질문인데요…. 요즘 엄마나 아빠가 저를 사랑하는 거 같지 않아요. 흑… 진짜 좀 유치하죠? 하지만, 저는 심각해요. ㅠㅠ

에이, 뭐가 유치해. 하나도 안 유치해.

사람은 누구나 사랑받기를 원하고,

확인하고 싶어 하는 마음이 있어.

나도 그럴 때가 있는데, 뭐.

그러니까 유치하거나

어린아이 같다는 말은 발로 뻥 차서 날려버려. 알았지? ^^

그럼, 사랑하지 않는 것 같다는 고민에 대해 얘기해보자.

나는 이런 생각이 드네.

정말 사랑하지 않는 게 아니라,

사랑하지 않는다는 느낌이 드는 건 아닐까 하는….

무슨 말이냐고?

기다려봐, 바로 얘기해줄게.

내가 말이야, 얼마 전에 부산에 놀러갔거든. 강의 때문에 갔다가 시간이 여유가 있어서 놀다 온 거지, 뭐. 그런데 바다를 보니까 어찌나 좋은지 너무 행복한 거야. 부산인데 외국 같더라고. 그러고 보면 우리나라도 참 예쁜 거 같아. 바닷바람을 맞으며 서 있으니 정말 숨통이 트이고 마음이 상쾌해지더라. 너무 좋아서 한참을 헤헤거리며 앉아 있는데 벌이 날아오는 통에 할 수 없이 자리에서 일어났지. 벌이 왜 날아왔냐고?
내가 꽃이니까 날아온 거지.
당연한 거 아니야? ㅋㅋㅋ 짜증난다고? 급! 사과할게. 미안해!! ㅎㅎ

사실은 말이야, 내가 포도주스를 먹고 있어서 그 단맛을 맡고 온 거야.
이제 됐지? ㅎㅎ 아무튼 너무 좋았어. 속이 뻥 뚫렸지. 그리고 부산에 사
는 친구를 만나서 밥을 먹으러 갔지. 그런데 생각해보니 친구가 너무 부
러운 거야. 나는 자주 볼 수 없는 바다가 집 근처에 있는 거잖아. 우리 집
바로 앞에는 편의점밖에 없는데, 친구의 집 앞에는 바다가 있다니… 갑
자기 너무 부러워져서 친구에게 말했어. "너는 집 앞에 바다가 있어서
정말 좋겠다."라고 말이야. 그랬더니 친구가 심드렁한 표정으로 답하는
거야. "그렇지도 않아. 너나 와야 바다에 나와 보지, 항상 바다가 곁에
있으니 그렇게 좋은지도 모르고 산다."라고 말이야.

내가 너에게 하고 싶은 말이 바로 그거야.
어? 무슨 말인지 모르겠다고?
알았어, 그럼 다시 설명해줄게. 잘 들어 봐.
네가 그랬잖아.
요즘 사랑받는 거 같지 않다고. 엄마도 아빠도 널 사랑하는 거 같지 않
다고.
지금 내가 그것에 대해 말한 거야.
네가 받고 있는 사랑이 항상 곁에 있어서 모르는 거라고.
엄마랑 아빠가 널 사랑하지 않는 게 아니라,

그 사랑이 항상 네 곁에 있어서 소중한지 모르는 거란 말이야.

바다가 곁에 있으면 바다 풍경도 바라봐야지.

나처럼 바닷가에 서서 바람이라도 느껴봐야지.

그러지 않으면 곁에 있어도 소용이 없는 거 아니야?

서우야,

엄마랑 아빠는 변함없이 널 사랑할 거야.

언제나 그 자리에 있는 바다처럼

언제나 그 자리에서 널 사랑하고 계실 거야.

그 사랑은 쉽게 변하지 않아.

다만 네가 잠시 느끼지 못할 뿐이야.


사랑도, 바라보고 느껴야 심장에 닿는 거래.

멋진 말이지? 멋진 작가가 쓴 말이거든.

어떤 작가냐고? 누구겠어? 바로 나지. ㅎㅎ

내가 쓴 책 『청소년 쉬키루들에게』에 나오는 말이야. ㅎㅎ

서우야,

언제나 곁에 있는 그 사랑을 바라보고 느끼는 네가 될 거라 믿어.

#오늘 행복해야
내일도 행복할 수 있어

내일도 중요하지만,

우리는 먼저 오늘을 행복하게 살자.

그럼 내일이 오늘이 돼도 행복할 수 있을 거야.

매일 행복한 오늘이 계속될 테니까.

저는요, 행복하지가 않아요. 엄마는 대학교에 들어가고 취직하고 성공하면 행복할 수 있다고 공부를 열심히 하래요. 정말 성공하면 행복할 수 있을까요? 그럼 저는 그냥 공부만 열심히 하면, 지금은 매일 우울해도 괜찮은 걸까요?

음……. 우선, 엄마 말씀처럼
공부를 열심히 하는 것은 중요해.
누구보다 널 사랑하시는 분이고,
누구보다 널 위한 말씀이니까.
대학을 가고 성공을 한다고 행복해지는 것도 물론 중요하지.
하지만 말이야.
미래의 행복을 추구하는 것도 좋지만,
그것보다 먼저 '오늘의 행복'을 잡아야 하지 않을까?
바로 지금 너에게 주어진 건 내일이 아니라 오늘이니까.
내일보다 먼저 오늘이 행복했으면 좋겠어.

내가 쓴 책 중에 『눈물 가득 희망 다이어리』라는 책이 있어. 그 책은 김은혜라는 실제 인물의 일기를 소설처럼 엮은 책이야. 은혜는 중학교 1학년 때 학교에서 실시한 소변검사에서 이상이 발견되었어. 그리고 정밀검사를 위해서 엄마와 함께 병원에 갔다가 만성신부전증 말기 판정을 받았어. 만성신부전증은 신장의 기능이 저하되어 노폐물이 배설되지 않아서 거의 모든 장기에 이상이 생기는 병이야. 신장이식을 하지 않으면 평생 동안 혈액투석을 하면서 살아야 하지. 그런데 다행히도 아빠의 신장이 은혜에게 이식하기에 적합하다는 검사 결과가 나왔어. 가족들은 뛸 듯이 기뻤고, 곧 아빠의 신장을 은혜에게 이식했지. 하지만 기쁨은 잠시였어. 아빠의 신장이 은혜의 몸에서 적응하지 못했고, 아빠의 신장을 다시 꺼내야 했지. 은혜는 이전보다 더 많이 우울해졌어. 자신 때문에 아빠까지 힘들게 했다는 생각에 고통스러웠지. 매일 눈물만 나고, 짜증이 났어. 우울하고 힘들었지.

그러던 어느 날, 이런 생각이 들었어. '나에게는 내일이 없을지도 몰라. 오늘밖에 없다면, 오늘이 마지막이라면, 오늘을 행복하게 살아야 해.' 그리고 은혜는 행복 일기를 쓰기 시작했지. 매일 힘들었지만, 기쁘고 행복한 일을 찾고, 그것을 일기에 쓰면서 다시 힘을 냈어. 2011년, 은혜는 대학생이 되었지. 은혜는 기적처럼 6년을 살았고, 대학생이 되어서도 밝은 마음으로 생활하며 주위 사람들에게 기쁨을 주었어. 그리고 2011년 6월 4일 밤, 갑자기 아빠에게 동생이 보고 싶다고 했어. 동생이 수학여행을 간 상태여서 아빠는 그냥 사진으로 보라고 했지. 사진을 한참 보던 은혜는 친한 친구들과 영상통화를 하고, 고마운 분들께 연락을 했어. 아빠가 그만 자라고 하니까 은혜는 웃으면서 한마디를 했지. "아빠, 나 한 번만 업어줘. 오늘은 아기처럼 업히고 싶네." 아빠는 은혜를 업었고, 은혜는 아빠에게 업힌 채로 영원히 눈을 감았어.

민지야,
"오늘을 행복하게 살아. 오늘이 너에게 주어진 가장 값진 선물이야."
이건 은혜가 일기를 통해 청소년들에게 꼭 전하고 싶어 했던 메시지야.

내일도 중요하지만,

우리는 먼저 오늘을 행복하게 살자.

그럼 내일이 오늘이 돼도 행복할 수 있을 거야.

매일 행복한 오늘이 계속될 테니까.

#진심으로 대하면 돼

지금 걱정되는 그 친구와 네가 얼마나 오래 알았는지는 중요하지 않아.

뿌리는 얕아도 이미 마음의 손을 잡고 있잖아.

얼른 그 진심을 전달해줘.

그럼 그 친구도 네 진심을 느끼고 힘을 얻을 거야.

은주 쌤, 제가 얼마 전부터 친하게 지내는 친구가요. 성적이 떨어져서 집에서 엄청 혼나고, 기분이 완전 안 좋은가봐요. 그런데 제가 오래된 친구도 아니라서, 위로해주고 싶은데 혹시 더 기분 나쁘게 할까 봐 걱정이 되어서요. 카톡도 못하겠는데, 걱정은 되고···. 어떻게 해야 할지 모르겠어요.


친구를 생각하는 맘이 너무 예쁘네.

우선 마음으로 '참 잘했어요.' 도장 하나 날린다. ^^

은주야,

쌤이 지금 말이야, 친구를 많이 걱정하는 네 맘이 마구 느껴진다.

그러니까 친구가 기분 나빠할지도 모른다는 걱정은 저 멀리 던져버리고 먼저 말을 걸어 봐.

카톡이 조심스러우면, 편지를 써도 좋고 전화를 해도 좋아.

너의 몇 마디 말로도 이렇게 진심이 느껴지는데, 그 친구라고 모르겠어?

분명히 알 거야.

진심은 통하는 법이거든.


미국 캘리포니아 주에 레드우드 국립공원이 있어. 그곳에는 아주 오래된 나무들이 많이 있대. 가장 오래된 나무 중에 2,000년이 넘는 나무도 있지. 레드우드의 나무들을 본 사람들은 나무들이 오래 살 수 있는 이유에 대해 궁금해한대. 그리고 대부분 깊은 뿌리 덕분이라고 생각한대. 보통 뿌리가 깊어야 한다고 말하잖아. 하긴 쌤이 생각해도 그게 가장 일반

적이고 적합한 이유인 거 같아.

그런데 레드우드의 나무는 신기하게도 그렇지 않대. 나무는 끝이 보이지 않을 정도로 큰데 뿌리는 아주 얕다는 거야. 그런데 어떻게 그 오랜 시간 동안 자랄 수 있는 거냐고? 그건 혼자 서 있는 나무가 하나도 없기 때문이래. 서로 옹기종기 모여 있는 나무들은 서로 뿌리가 연결되어 있어서 어떤 뿌리가 어느 나무의 것인지 구별하기도 힘든 정도래. 마치 나무들이 한 몸으로 연결되어 있는 것처럼 보인다는 거야. 그리고 위기가 닥치면 말이야, 서로 연결된 뿌리가 정말 한 몸처럼 큰 위력을 발휘한대. 거센 바람이 불면 서로 넘어지지 않게 붙잡아주고, 가뭄 때는 영양분이 부족한 나무에게 더 많은 영양분이 공급해서 오래 살 수 있도록 도와준대.

은주야, 그 레드우드의 나무들 말이야.
마치 사람이 서로 위로하고 격려하며 힘을 내는 모습과 비슷하지 않아?
쌤은 그런 생각이 들더라.
우리는 서로가 오랜 시간 알아야
관계의 뿌리가 깊어진다고 생각하잖아.
그래야 서로를 더 잘 알고 더 사랑한다고 생각하기도 하지.

그런데 말이야,
꼭 오랜 시간 안다고 서로에게 더 깊은 맘을 갖게 되는 걸까?
사실 그럴 수도 있지만 아닐 수도 있잖아.
오랫동안 알아도 잘 모르는 친구도 있고,

안 지 얼마 되지 않아도 깊은 우정을 가지게 되는 친구가 있지 않아?

은주야,

그것처럼 말이야,

지금 걱정되는 그 친구와 네가 얼마나 오래 알았는지는 중요하지 않아.

뿌리는 얕아도 이미 마음의 손을 잡고 있잖아.

얼른 그 진심을 전달해줘.

그럼 그 친구도 네 진심을 느끼고 힘을 얻을 거야.

우리는 천재는 될 수는 없겠지만,

열정과 끈기가 남다른 사람이 될 수는 있을 거야.

열정과 끈기를 가지고, 꿈을 향해 나아가자.

우리의 삶이 무대 위의 마술이 될 수는 없겠지만,

꿈꾸는 우리의 무대가 될 수는 있으니까.

쌤, 천재로 태어났다면 얼마나 좋았을까요? 이렇게 공부를 열심히 안 해도 되고, 노력을 안 해도 뭐 한 가지는 대박 잘 하는 거잖아요. 진짜 편하고 좋을 것 같아요.


ㅎㅎ 맞아. 가끔 그런 생각 들지.

쌤도 천재적으로 글을 잘 쓰시는 분들 보면 부러웠어.

마치 그분들이 모니터를 뚫어져라 보기만 하면

손가락이 저절로 움직여서 글이 쓰이는 것 같은 느낌이 들었지. ㅎㅎ

그런데 말이야.

작가가 되고 나서, 정말 글 잘 쓰는 선배님들을 보면서

그런 환상이 와장창 깨졌어.

천재들도 엄청 노력하던데?

물론 뭔가 더 특별하게 잘 하는 재주는 분명히 있는데,

노력을 하지 않으면 그 재주가 빛을 발할 수는 없는 거잖아.


옛날에, 클라라 하스킬이라는 피아니스트가 있었어. 그녀는 여섯 살에 한 번 들은 모차르트 소나타를 악보 없이 연주했어. 바로 그 자리에서 조를 바꿔 연주하기도 했지. 일곱 살에 데뷔했고, 열한 살에 파리 음악원에 입학해서 열다섯 살에 최우수 학생으로 졸업했어. 누가 봐도 그녀는 천재였어. 피아니스트를 꿈꾸는 이들의 부러움을 한 몸에 받았지. 그러나 그 행복은 오래가지 않았어. 열여덟 살에 '세포경화증'이라는 병이 찾아왔거든.

그 병은 뼈와 근육, 그리고 세포와 세포가 붙는 불치병이야. 그녀는 온몸에 깁스를 하고 4년을 앓았고, 그 병의 후유증으로 척추 장애인이 되었지. 하지만 그녀는 포기하지 않았어. 열심히 노력해서 10여 년 후에 다시 무대에 올랐지. 그녀의 연주는 모차르트의 천재성을 잘 담아냈다는 평가를 받았고, 그녀는 재기에 성공했어. 하지만 곧 제2차 세계대전이 일어났고, 그녀는 피난을 떠나야 했지. 피난 중에 그녀가 얻은 것은 합병증과 뇌졸중이었어. 모두 그녀가 죽을 것이라고 생각했지만, 그녀는 또 한번 좌절을 딛고 일어났어.

쉰두 살이라는 늦은 나이였지만, 소녀의 마음으로 다시 무대에 올랐지. 첫 음반을 녹음하고, 연주 여행을 떠났어. 그녀가 가장 행복했던 시기였지. 그러나 행복은 또 오래 머물지 않았어. 그녀는 공연을 위해 가다가 브뤼셀 역에서 현기증을 느끼며 계단에서 굴러 떨어졌고, 곧 숨을 거두었어. 찰리 채플린은 살면서 진정 천재라고 말할 수 있는 사람을 세 명 만났다고 말했어. 한 사람은 아인슈타인이고, 한 사람은 처칠, 그리고 나머지 한 사람은 클라라 하스킬이라고 말이야.

차훈아,
클라라 하스킬은 천재였잖아. 그래서 노력을 안했을까?
아니, 쌤은 그렇지 않다고 생각해.
많은 아픔을 지나고 또 다시 할 수 있었던 건
엄청나게 노력했다는 증거일 거야.
천재성보다 뛰어난 건 아픔을 겪으며 좌절하지 않고,
또 다시 일어나 노력할 수 있었던 끈기야.

그리고 어떤 상황에서도 식을 줄 모르는 열정이지.

우리는 천재는 될 수는 없겠지만,

열정과 끈기가 남다른 사람이 될 수는 있을 거야.

열정과 끈기를 가지고, 꿈을 향해 나아가자.


우리의 삶이 무대 위의 마술이 될 수는 없겠지만,

꿈꾸는 우리의 무대가 될 수는 있으니까.

#단점도
너의 일부라고 인정해주렴

사람마다 자신이 마음에 들지 않는 자신의 부분이 있지.

그런데 그건 전체가 아니라 부분이야.

그 부분 때문에 네가 잘못되지 않아.

모든 부분이 어떻게 다 좋을 수 있겠어?

그런 부분까지도 너인 거지,

그런 부분만 너인 건 아니잖아.

준 쌤, 저는요. 표현을 잘 못하는 성격이에요. 진심으로 전달하고 싶은 마음이 있을 때도 말로 하는 건 좀 어려워요. 그래서 내 마음은 절대 전달될 수 없는 걸까… 이런 생각이 들기도 해요. 이런 성격은 고쳐야 할까요? 잘 안 될 것 같긴 한데 고치도록 노력해야 하나요?

아니!

고치지 마.

너무 단호해서 놀랐어? ㅎㅎ 그렇다면 미안.

하지만 단호하게 말하고 싶었어.

사람마다 자신이 마음에 들지 않는 자신의 부분이 있지.

그런데 그건 전체가 아니라 부분이야.

그 부분 때문에 네가 잘못되지 않아.

모든 부분이 어떻게 다 좋을 수 있겠어?

그런 부분까지도 너인 거지,

그런 부분만 너인 건 아니잖아.

그리고 무엇보다 마음은 꼭 말로만, 표현으로만 전달되는 건 아니야.

물론 표현할 수 있다면 더 좋을 수도 있겠지만,

표현으로만 전달되는 건 아닌 거야.

사람 이름이 붙은 소화기가 있다는 말 들어봤어? 나는 들어봤어. 바로 안치범 소화기야. 안치범이 누구냐고? 그는 '초인종 의인'이라는 별명을 가진 사람이지. 2016년 9월, 서울 마포구 서교동의 한 빌라에서 불길이 번지기 시작했어. 대부분의 사람들이 잠든 새벽 시간이라 자칫하면 큰 참사로 번질 뻔했던 사고임에도 불구하고, 빌라의 사람들이 무사히 구조되었어. 단 한 사람만을 제외하고 말이야.

그 사람은 바로 최초 신고자인 안치범 씨야. 왜 최초로 신고했는데 구조되지 못했냐고? 안치범 씨는 119에 화재 사실을 알린 후 가장 먼저 건물 밖으로 대피했어. 하지만 바로 다시 불길 속으로 뛰어들었지. 화재 사실을 모르고 잠들어 있던 이웃들이 떠올라서야. 안씨는 뜨거운 열기에 휩싸인 복도의 21개 원룸 초인종을 하나하나 눌러 잠든 이웃들을 깨워서 모두 대피시켰지. 그 과정에서 그는 유독가스에 질식해 쓰러졌고 결국 세상을 떠났어. 그럼 소화기는 그를 기억하기 위해 만들었냐고? 그래, 맞아. 한 소셜벤처가 페이스북에 안씨의 사연을 올리고, 후원을 받았어. 페이스북에 게시물을 올리고 사람들이 공유하거나 좋아요를 누르면 후원자가 그 수에 비례해 기부하는 방식으로 말이야. 안씨의 사연은 6,000여 명이 공유했고 수만 명의 사람들이 좋아요를 눌렀어. 후원금 2000만 원을 받았고, 그 후원금으로 소화기 1,500여 대를 만들어 서울 마포구의 소방 취약 계층에 전달했지. 소화기의 이름은 '안치범 소화기'라고 정했어. 안치범 소화기에는 "초인종 의인 안치범 님 잊지 않겠습니다."라는 문구가 새겨져 있지.

준아,
안치범 씨의 마음이 느껴지지 않아?
안치범 씨가 너에게 직접 말을 한 것도 아닌데 말이야.
이웃들은 어땠을까?

일일이 말하지 않아도 안씨의 마음을 느꼈겠지?

페이스북에서 사연을 공유하고 좋아요를 누른 사람들은?

그들에게도 안씨의 진심이 전달되었을 거야.

표현을 못 하는 게 뭐가 어때서?

너는 더 깊은 마음을 가지고 있는 거야.

너만의 행동이나 방식으로 마음을 전달할 수 있는 거야.

5
장

이런 나,
문제인가요?

#토미 브라운의
작은 괴물

온통 네 머릿속에 여드름이란 글자뿐이잖아.

그렇다면 일부러라도 신경을 안 쓰도록 노력해보면 좋겠어.

거울을 두 번 볼 거 한 번만 보고,

여드름이란 글자가 떠오르면 다른 생각을 해봐.

그러다 보면 토미 브라운이 아침에 만난 괴물 같아질 거야.

괴물이 찾아와도 인식할 수 없을 만큼 작은 괴물 말이야.

🗨 **민기** 요즘 얼굴에 여드름이 많이 나서 걱정이에요. 피부가 꽤 좋은 편이었는데, 갑자기 여드름이 몇 개 나니까 여드름 밖에 안 보이고, 피부도 안 좋아 보여요. 게다가 친구들이 저를 보면 여드름만 보는 거 같아서 신경 쓰여요. 자꾸 저도 모르게 거울을 보게 되고요. 신경을 안 쓰고 싶은데, 무슨 방법이 없을까요?

ㅎㅎ 민기야,

질문에 답이 있는 거 같은데?

신경을 안 쓰고 싶다는 네 말을 들으니, 정말 신경을 안 쓰면 되겠다는 생각이 드네.

그런데 그게 쉽지 않다는 얘기지?

알아, 쌤도 뭐 하나 신경 쓰이기 시작하면 온통 그 생각뿐이니까.

그런데 말이야. 그런 적도 있지 않아?

시간이 지나고 나면,

정말 별 거 아닌 걸로 고민했었구나, 하는 생각이 들 때 말이야.

어쩌면 여드름도 네가 큰 문제라고 생각해서 그렇지,

정말 별 게 아니라는 생각이 들만큼 작은 문제라는,

아니 문제도 아니라는 생각을 한번 해보면 좋겠다.


『너 잡으러 왔다!』라는 제목의 동화가 있어. 영국의 아동문학가, 토미 로스가 지은 책이야. 그 책에 보면 말이야. 무시무시한 괴물이 나와. 우주선을 타고 날아온 괴물은 "너 잡으러 왔다!"고 울부짖으며 바나나

나라 사람들을 덮치고 동상을 부수고 책들을 집어던져. 산을 우적우
적 씹어 삼키고 바닷물도 마셔버리지. 먹을 수 있는 모든 것을 먹어치
운 후에는 작은 별들을 통째로 먹어 치우기 시작해. 그렇게 몇 개의 별
을 먹어 치운 후에 '지구'라는 파랗고 예쁜 별을 발견하고 곧장 그곳으
로 출발하지. 지구에서는 토미 브라운이라는 아이를 발견하고 또 한 번
"너 잡으러 간다!"라고 소리쳤어. 괴물이 '지구'로 가고 있을 때, 토미
브라운은 아빠한테 무서운 괴물 이야기를 듣고 있었어. 토미는 무서운
생각이 들었어. 괴물이 쳐들어올 것만 같았지. 계단마다 살펴보고, 변
기 속도 들여다봤어. 괴물이 숨을 만하다고 생각되는 곳은 다 뒤졌지.
하지만 괴물은 없었어. 토미 브라운은 그제야 안심하고 잠자리에 들었
지. 금방 잠이 올 리 없었어. 무서운 괴물이 당장이라도 나타날 것 같았
고, 머릿속은 온통 괴물이란 글자로 꽉 차 있었으니까.

시간이 지나 간신히 잠이 들었고, 그 사이 괴물은 토미 브라운의 집 앞
에 도착해서 날이 새기만을 기다렸지. 날이 밝자 토미는 괴물 이야기를
까맣게 잊어버렸어. 이곳저곳 살펴보지도 않았지. 어딘가에서 괴물이
불쑥 나타날 것 같은 생각을 하지 않으니까 아무 문제가 되지 않았어.
상쾌한 기분으로 학교에 가려고 집을 나섰지. 그때였어. 토미 브라운이
집에서 나오는 소리를 들은 괴물이 무시무시한 소리를 지르면서 뛰쳐
나왔거든. 토미 브라운이 잡혀갈 거라는 생각에 쌤은 초조한 심정으로
책장을 넘겼어. 그런데 이게 웬일이야? 그 괴물이 말이야. 사실은 토미
브라운의 신발보다, 아니 엄지발가락보다 작지 뭐야.

ㅎㅎ 쌤이 얼마나 웃었는지 몰라.

다문화 아이들을 위해 책읽기 자원봉사를 할 때 그 책을 읽어줬는데
아이들도 처음에는 뭔지 잘 모르더니, 자세히 그림을 살펴보고는 깔깔
깔 웃더라.

민기야,
너의 여드름이 지금은 토미 브라운이
밤에 두려워하던 괴물과 같지 않을까?
온통 네 머릿속에 여드름이란 글자뿐이잖아.
그렇다면 일부러라도 신경을 안 쓰도록 노력해보면 좋겠어.
거울을 두 번 볼 거 한 번만 보고,
여드름이란 글자가 떠오르면 다른 생각을 해 봐.
그러다 보면 토미 브라운이 아침에 만난 괴물 같아질 거야.
괴물이 찾아와도 인식할 수 없을 만큼 작은 괴물 말이야.

#누가 뭐래도 너는 너의 편!

널 믿어주는 한 사람만 있어도 힘을 낼 수 있는 거잖아.

하지만 없다고? 왜 없어.

너 있잖아.

누가 뭐래도 너는 너의 편, 아니야?

**도현** 제가 꿈이 있는데요, 이제 그 꿈을 말하기도 두려워요. 사람들에게 말해도 제 문제 때문에 안 된다고 반대해요. 제 문제를 고치지 못하면 그 꿈을 이룰 수 없대요. 그게 뭔지도 말하지 못하면서, 이렇게 연락드려서 죄송해요. 그래도 묻고 싶었어요. 사람들이 반대하니까 하면 안 되는 걸까요?

도현아,

많이 힘들었겠다.

네가 진짜 하고 싶은 걸

네가 사랑하는 사람들이 반대하니까.

사랑하는 사람들에게 말한 걸 어떻게 아냐고?

보통 우리는 그렇잖아.

우리가 사랑하는 사람들에게 먼저 말하게 되잖아.

그 사람들에게 인정받고 지지받고 싶어 하잖아.

그런데 말이야.

사람들이 반대를 한다고 해서 못하는 건 아니야.

네가 반대하지만 않는다면 말이야.

〈곡성〉이란 영화 알지? "뭣이 중헌디?"라는 유행어로도 많이 알려진 영화잖아. 영화를 보지 않았어도 아마 영화 제목하고 그 유행어는 알고 있을 거야. 그 영화에서 눈에 띈 배우가 있었어. 물론 출연한 배우들이 다 눈에 띄었고, 아역배우도 눈에 띄었지. 하지만 어디에선가 낯이 익은데 이름은 잘 생각이 안 나는 배우가 그 영화에서 주연이었거든.

그래서 나는 그 배우가 가장 눈에 띄더라고. 그 영화 덕분에 그 배우의 이름을 정확히 마음에 새길 수 있었거든. 그 배우의 이름은 곽도원! 그는 그 영화 이후에 참 많이 알려졌지. 영화 이후에 예능 프로그램에서도 많이 나왔는데, 어눌하면서도 솔직한 말투가 참 매력 있더라고. 그래서 기억에 더 많이 남았던 것 같아. 그런데 그중에서도 대한민국 톱스타상 시상식에서 밝힌 수상 소감이 제일 인상적이었어. 본인이 쑥스러웠는지 웃기도 많이 하고, 같은 말을 반복하기도 하고, 말을 자주 멈추기도 했지. 하지만 참 솔직하고 정직하고, 진심이 담긴 수상소감이었어. 대강 내용을 정리해보면 이런 내용이야.

"감사합니다. 제가 말을 잘 못합니다. 나홍진 감독님 고맙습니다. 나홍진 감독님 덕분에 제가 이 상을 받습니다. 영화 처음에 시작할 때 사람들이 다 반대했어요. 저 같은 사람 주인공으로 써서 흥행이 되겠냐고 제작자 반대하고, 여기저기 반대했는데, 믿어준 사람은 나홍진 감독뿐이었어요. 제가 스무 살에 처음 연극할 때도 극단 단원이 15명이었는데 그 극단의 형, 누나들도 다 반대했어요. 넌 내성적이라 안 된다고. 연습할 때 떨고, 울고, 난리였는데 그분들 지금 다 그만두고 저 혼자 남아 있거든요.

아까 장애우 친구들 나와서 무대에서 공연한 거 봤는데 저도 짠했습니다. 저도 사실 장애가 있거든요. 한쪽 귀가 안 들려요. 말귀도 잘 못 알아듣고 말도 지금처럼 더듬거려요. 그런데, 얘들아! 포기하지 않고 꿈꾸니까 이루어지더라. 꿈 포기하지 않고 열심히 살면 좋을 것 같아. 야, 이렇게 뚱뚱하고 못생긴 사람도 상 받는다! 꿈 포기하지 마라, 얘들아.

나홍진 감독에게 고맙고, 내일 더 노력하는 배우가 되겠습니다. 칭찬해
주셔서 감사합니다."

이 수상 소감은 지금 생각해도 참 뭉클하네.
도현아, 곽도원 배우도 그러잖아. 사랑하는 사람들이 반대했다고.
귀가 한쪽 안 들리고, 그래서 말도 더듬거리는 문제가 있다고.
하지만 한 사람이 믿어주었고, 포기하지 않으니까 되더라고.
나는 도현이도 그랬으면 좋겠어.
무슨 문제인지는 모르겠지만 그 문제가 고쳐지지 않아도,
포기하지 않고 했으면 좋겠어.
널 믿어주는 한 사람만 있어도 힘을 낼 수 있는 거잖아.
하지만 없다고? 왜 없어.
너 있잖아.
누가 뭐래도 너는 너의 편, 아니야?
네가 널 믿어줘.
네가 너의 편이 되어줘.
그리고 나도 믿어줄게.
나도 너의 편이 되어줄게.

그럼 벌써 두 명이다. 그치?
해보자. 할 수 있어. 누가 반대해도, 너만 반대하지 않는다면.

#자꾸 자꾸 나를 격려해주기

네가 널 칭찬해줘.

네가 너랑 제일 친해야 네가 더욱 가능해져.

쌤, 저는요, 뮤지컬 동아리 단원이에요. 처음에는 호기심에 오디션을 봤는데, 합격을 했어요. 춤 연습을 하면서 힘들 때는 괜히 했나 싶기도 하지만, 하면 할수록 재미있고 행복해요. 그런데요, 저는 문제가 있어요. 제가 다른 단원들보다 춤이나 노래를 외우는 게 조금 느려요. 그래도 선배님들이 잘 이해해주셔서 열심히 했는데요, 문제는 후배들이 들어오고부터 시작되었어요. 저보다 이제 막 들어온 후배들이 춤도 노래도 더 빨리 익히고 더 잘하는 거예요. 그러니까 너무 부끄럽고 힘들어요.

유희야, 네 맘은 충분히 이해할 거 같아.
너도 열심히 안 하는 게 아닌데
네가 후배들보다 더 열심히 안 하는 거처럼 느껴지니 더 속상한 거지?
그게 아니고 너는 조금 느릴 뿐인데, 후배들이 들어오고 나서는 선배들도 더 네가 느리다고 생각할 것 같고 답답해할 것 같고…
그럴 거야.
그런데 말이야. 넌 너잖아. 넌 후배 누구가 아니고 유희잖아.
신입 단원이 아닌데 왜 신입 단원처럼 못하는 거 때문에 속상해야 해?
속상할 수는 있지만 왜 열심히 한 너에게 화를 내?
그럼 네가 너무 억울하잖아. 진짜 열심히 했는데….
네가 널 칭찬해줘. 네가 너랑 제일 친해야 네가 더욱 가능해져.

『발레리나 벨린다』라는 동화가 있어. 벨린다는 발레리나가 꿈이야. 춤추기를 좋아하고 매일 발레학원에 가서 연습을 했지. 벨린다는 사뿐사뿐 우아하게 춤을 잘 춰. 그런데 벨린다에게는 문제가 있어. 그건 벨린다의 발이 너무 크다는 거야. 발레리나를 뽑는 심사에서 그 문제를 알게 되었지. 심사위원들이 발이 보트만 하다며, 그 오리발 같은 발로 어떻게 발레를 하겠냐고 말했거든. 벨린다는 슬픔에 빠졌어. 심사위원들의 말대로 큰 발로는 발레를 할 수 없다고 생각했거든. 벨린다는 결국 발레를 그만두고, 식당에 취직했지. 식당에 오는 손님들은 사뿐사뿐 걷고 동작이 빠른 벨린다를 좋아했어. 식당의 주인 프레드도 열심히 일하는 벨린다를 좋아했어. 벨린다도 프레드와 손님들이 좋았지. 하지만 늘 발레를 하고 싶었어.

어느 날 식당에 프레드의 친구들이 찾아왔어. 그들은 악단이었어. 식당에서 연주를 하려고 찾아온 거야. 악단은 아름다운 곡을 연주했지. 프레드는 벨린다를 보고 깜짝 놀랐어. 벨린다가 자신도 모르게 연주에 맞춰 춤을 추고 있었거든. 악단은 날마다 와서 연주를 했고, 벨린다는 손님이 오기 전까지만 춤을 췄어. 그러던 어느 날, 프레드는 벨린다에게 손님들을 위해 춤을 춰달라고 부탁했지. 벨린다는 너무 신이 났어. 손님들은 벨린다를 보고 깜짝 놀랐지. 벨린다의 춤이 무척 아름다웠거든. 손님들은 입소문을 냈고, 또 다른 손님들이 벨린다의 춤을 보기 위해 식당을 방문했지. 프레드의 식당에는 벨린다의 춤을 보기 위해 오는 사람들이 점점 늘어났어.

벨린다의 소문은 마침내 유명한 발레단장의 귀에 들어갔어. 단장은 식당에 와서 벨린다의 춤을 직접 보고 한눈에 반했지. 그래서 벨린다에게 자신의 발레단이 서는 무대에 와서 춤을 춰달라고 부탁했지. 벨린다는 큰 무대에 올랐어. 무대에서도 프레드의 친구들이 연주하는 음악에 맞춰 춤을 추었지. 심사위원들이 소리쳤어. 정말 훌륭하다고, 하늘로 날아오르는 한 마리 새를 보는 것 같다고 말이야. 그런데 참 웃긴 사실이 있어. 그 심사위원들은 바로 벨린다에게 그 큰 발로는 발레를 할 수 없다고 말했던 그 심사위원들이었거든. 그런데 이번에는 벨린다의 춤에 반해서 벨린다의 발이 크다는 것을 알아차리지도 못했어. 심사위원들의 칭찬을 듣고 벨린다가 기뻐했냐고? 아니, 벨린다는 심사위원들의 말을 신경 쓸 겨를도 없었어. 그저 춤을 추는 것이 너무 행복해서 말이야.

유희야, 너도 널 보면서 춤을 추고 노래를 했으면 좋겠어.
네 얘기를 들어보면 네 이름보다 후배들 얘기가 더 많이 나오잖아.
그럼 너보다 후배들을 더 많이 본 거 아니야?
왜 널 안 봐주고 그들을 더 많이 봐? 그럼 네가 너무 속상하잖아.
춤도 노래도 한 번에 되는 건 아니잖아.
그리고 등수를 매길 수 있는 것도 아니잖아.
너는 너처럼 추고 나는 나처럼 추는 거지.
(사실 나는 몸치라서 이런 비유는 좀 부끄럽지만 ^^;;)
다음 연습부터는
너! 거울 속의 너! 너를 봐.
그리고 선배처럼도 후배처럼도 하지 말고 너처럼 해.
어떻게 예술을 등수로 매겨? 그건 불가능하고 옳지도 않아!!
넌 유희니까, 유희처럼 추고, 유희처럼 노래하기를, 기대할게!

#가족은 진짜 좋은 거 맞아!

가족은 그런 힘이 있는 것 같아.

어려운 상황에서는 자기도 모르게,

자기보다 더 상대방을 생각하는 힘 말이야.

성민 있잖아요, 제 친구 중에는 외아들이 많거든요. 요즘 걔네들이 무지 부러워요. 누나 때문에 짜나서요. 아, 진짜, 나한테 매일 심부름만 시키고 자기 멋대로예요. 그래도 엄마는 혼자보다 훨씬 좋은 거라는데 저는 잘 모르겠어요. 진짜 좋은 걸까요?


ㅎㅎㅎ 미안해. 쌤이 웃고 말았네.

너 말하는 모습이 귀여워서 웃었는데, 혹시 기분 나빴다면 미안!

우선 답부터 듣고 싶다면

"진짜 좋은 거 맞아!"라고 얘기하고 싶네.

지금은 잘 모르겠지만, 곧 알게 될 거야.


몇 년 전 봄에 실제로 있었던 일인데, 한 남매가 지하 물탱크에 빠졌어. 남매는 근처 공부방에서 공부를 마치고 집으로 가던 길이었어. 그런데 남동생이 물탱크 위를 덮고 있던 허름한 철판 위에서 또래 초등학생들이 놀고 있는 모습을 발견하고는 그리로 달려가서 같이 뛰며 놀았지. 그 물탱크는 비가 많이 오면 빗물을 가뒀다가 그친 뒤 물을 퍼내기 위해서 만들어진 거였고, 물이 차 있을 때 빠지면 어른도 물에 빠져 죽을 위험이 높아서 울타리가 쳐져 있었어. 하지만 동네 아이들은 이 울타리를 넘어가서 철판 위로 올라가서 자주 뛰어놀았지.

그런데 하필 그 남동생이 뛰어놀 때 철판이 구부러진 거야. 남동생이 아래로 떨어졌고, 그만 집에 가자며 남동생의 손을 끌던 누나까지 떨어지고 만 거야. 두 남매가 빠진 7미터 깊이의 물탱크는 깊은 우물 속처럼 어둡고 고요했어. 물의 깊이는 130센티미터로 꽤 깊었지. 키 153센티미터 인 누나는 목까지 물이 차올랐지만, 키가 140센티미터밖에 안 된 동생 은 업히지 않으면 숨을 쉴 수 없었어. 그래서 누나는 동생을 업고, 밖으로 "살려주세요!"라고 소리를 질렀지. 동생에게는 사람들이 구하러 올 거라고 안심을 시키면서 말이야. 하지만 한참 동안 사람들이 오지 않았고, 누나는 추락할 때 어깨와 허벅지를 심하게 다쳐서 매우 아팠어. 하지만 등에 업혀 있는 동생이 흘러내릴까 봐 동생의 몸을 꼭 잡고 있었어. 한 시간쯤 지났을 때, 공부방 교사가 누나의 목소리를 듣고 달려와서 119에 신고를 했어. 몇 분 뒤 소방관이 도착했고, 밧줄을 타고 소방관이 물탱크 속으로 내려왔지. 소방관은 남매를 들어 올려 벨트로 고정했고, 소식을 듣고 모인 마을 주민들은 위에서 밧줄을 당겼어.

그렇게 남매는 극적으로 구조되었어. 누나에게 어떻게 동생을 업을 생각을 했냐고 하니까 "동생이 물속에 떨어지자, 얼른 업어야 된다는 생각만 났어요. 그래서 물에 뛰어들어 얼른 업었습니다."라고 대답했어. 동생은 "다시는 허락 없이 위험한 데 안 갈 거야. 누나, 사랑해."라고 말했지.


성민아,

가족은 그런 힘이 있는 것 같아.

어려운 상황에서는 자기도 모르게,

자기보다 더 상대방을 생각하는 힘 말이야.

어려운 상황이 닥친다면, 혹은 정말 기쁜 순간이 생긴다면,

가장 먼저 같은 마음이 되어주는 게

형제이고, 남매이고, 가족이거든.

그러니까 지금은 조금 짜증나더라도 내 말을 믿고 기다려 봐.

엄마에게

"누나를 낳아주셔서 감사합니다." 하는 순간이 꼭 올 테니까.

# #외팔이 서퍼
베다니 해밀턴

문제는 문제가 아니야.

문제를 바라보며 두려워하는 네 마음이 문제인 거지.

서인 샘, 저희 집에 문제가 좀 생겼어요. 무슨 문제인지는 말씀드리기는 힘들지만, 그 문제가 너무 커서 제가 앞으로 어떻게 해야 할지 모르겠어요. 그 문제 때문에 하고 싶은 걸 못하게 될까 봐, 그게 가장 두려워요. 왜 저한테 이런 문제가 생기는 걸까요?

서인아, 많이 힘들겠구나.
어쩌면 지금은 어떤 말을 해도 위로가 되지 않겠지만,
그 문제는 꼭 네 삶에 좋은 거름이 될 거라고 말해주고 싶어.

하와이에 사는 베다니 해밀턴의 이야기를 들려줄게. 베다니는 서핑을 즐겨하는 부모님의 영향으로 어렸을 때부터 서핑을 좋아했고, 바다를 사랑했어. 프로 서퍼가 되는 꿈을 꾸면서 열심히 서핑을 했지. 베다니는 그런 하루하루가 행복했어. 아마 문제가 생기지 않았다면, 계속 그랬을 거야.
베다니가 열세 살 때, 큰 문제가 생겼지. 여느 때처럼 기쁜 마음으로 서핑을 나갔다가 상어의 공격으로 왼팔을 잃게 된 거야. 베다니를 치료한 의사는 '살아 있는 기적'이라고 표현했고, 베다니는 연일 언론의 관심을 받았어. 그러나 베다니의 마음은 컴컴한 동굴 같았지. 그토록 좋아하던 바다를 보기도 싫어졌고, 그저 혼자 있고 싶어졌어. 도대체 왜 자신에게 이런 문제가 생긴 건지 받아들이기 힘들었지. 그리고 몇 년의 시간이 흘렀어. 부모님과 태국으로 봉사활동을 가게 되었어. 그때 태국은 쓰나미로 인한 피해가 너무 심해서 많은 사람들이 도와야 했거든. 베다니는 그곳에서 한 아이를 만나게 돼. 쓰나미로 인해 부모님을 잃은 아이였지. 그 아이는 파도를 보며 무서워서 떨었어. 바다가 부모님을 빼앗아갔으니 당연히 그랬겠지. 사고를 당했던 베다니처럼 바다라면 보기도 싫지 않았겠어? 하지만 베다니는 그 아이에게 보여주고 싶었어. 바다는 그렇게 무서운 곳이 아니라는 걸 말이야. 베다니는 그 아이에게 보여주기 위해 포기했던 서핑을 다시 했지.

그 모습을 본 아이는 베다니의 손을 잡고 바다로 갔고, 베다니와 아이는 서핑을 하며 신나게 놀았어. 그로부터 몇 년 후, 베다니는 프로 서퍼가 되었지. 지금 그녀는 하와이 서핑대회 우승자이자, 유일한 외팔이 서핑선수야. 어느 기자가 베다니에게 물었대. 만약 악몽의 그날로 돌아가 서핑을 안 할 수 있다면 그렇게 하겠냐고 말이야. 그랬더니 베다니는 "아니요, 내게 일어난 일을 바꾸진 않겠어요. 두 팔을 가지고 있을 때보다 더 많은 사람들을 끌어안을 수 있게 되었으니까요."라고 대답했대.

서인아,
문제는 문제가 아니야.
문제를 바라보며 두려워하는 네 마음이 문제인 거지.
두려운 거 알아. 두려울 수 있어.
네가 두려워하는 것처럼 문제가 바로 해결되지 않을 수도 있으니까.
금방 뛰어 넘을 수 있을지도 모르고,
어쩌면 그럴 수 없을지도 모르니까.

하지만 그 문제가 네 삶을 해칠 수는 없어.

그 문제는 네 삶에 아무런 문제도 될 수 없어.

그 문제가 있어도 넌 할 수 있어.


그 문제가 있어서 오히려 넌 더 빛나는 존재로 성장할 거야.

그러니까 두려워하지 않아도 돼.

#누구에게나
강점이 있단다

사람은 누구나 강점이 있어.

네가 그것을 알고 있다면, 잘 활용하도록 노력해.

아직 찾지 못했다면, 먼저 강점을 찾기 위해 노력해.

그건 인생이란 여행을 할 때 꼭 필요한 일이야.

신행 쌤, 인터넷 서핑을 하다가요, '약점을 보완하기보다 강점을 찾고 이를 활용하는 데 노력하십시오.'라는 말을 봤어요. 뭔가 좋은 말 같은데, 정확히 잘 이해가 안돼요. 저는 약점을 고쳐야 한다고 생각했는데, 그것보다 강점을 찾는 게 먼저인 건가요?

ㅎㅎ 이해 안 되는 거 맞아?

질문 속에 해답이 담겨 있는 것 같은데?

어디서 본 말인지 모르겠지만, 쌤도 그 말에 동의해.

약점을 보완하기보다 강점을 찾고 활용하는 건 참 유익하다고 생각해.

계속 취업에 실패하던 한 남자가 마이크로소프트 사에서 청소부를 모집한다는 공고를 보았어. 그리고 한참을 고민하다가 마이크로소프트 사를 찾아갔지. 인사과의 담당자는 몇 군데를 정해 청소를 시켜보더니 이렇게 말했어. "좋습니다. 당신을 고용하겠어요. 필요한 서류는 이메일로 보내드릴 테니 양식에 맞게 내용을 적어서 다시 이메일로 보내주세요." 하지만 그는 이메일 주소가 없었어. 심지어 집에 컴퓨터도 없었지. 그래서 담당자에게 집에 컴퓨터가 없고, 이메일 주소도 없다고 말했지. 그러자 담당자는 "이메일 주소가 없는 사람은 우리 회사에서 일을 할 수가 없습니다." 라고 단호하게 말했어. 결국 취업에 또 실패한 그는 큰 실망감을 안은 채 회사 건물을 나섰어. 힘없이 터벅터벅 길을 가고 있는데 과일 가게가 눈에 들어왔지. 그리고 문득 '과일을 판매하는 일을 하면 잘할 수 있을 것 같아.'라는 생각이 들었어. 그는 주머니에 있는 전 재산 10달러를 가지고 토마토를 샀어. 그리고 집집마다 돌아다니며 토마토를 팔았는데, 불과 한 시간도 되지 않아 토마토를 다 팔았어. 이제 전 재산이 20달러가 되었지. 그는 다음 날부터 하루 종일 같은 장사를 반복했어. 얼마 지나지 않아 트럭을 한 대 구입해서 여러 곳을 돌아다니면서 장사를 할 수 있게 되었지.

몇 년이 지나 그는 대형 마트의 사장이 되었어. 그는 이제 미래를 대비해야 할 시기가 되었다고 생각했어. 재산보험에 가입하기 위해 보험전문가를 찾아갔지. 상담이 끝난 후 보험전문가는 남자에게 필요한 서류를 보내줄 테니 이메일 주소를 가르쳐달라고 말했어. 남자는 마이크로소프트 사에서 청소부 시험을 치를 때와 마찬가지로 이메일 주소는 물론이고, 컴퓨터도 없다고 대답했지. 그러자 보험전문가는 얼굴을 찡그리며 이렇게 말했어. "그것 참 알 수 없는 일이로군요. 만일 당신 같은 부자가 컴퓨터와 이메일까지 있었더라면 말입니다. 그러면 지금쯤 얼마나 더 큰 부자가 되어 있을까요?" 잠시 동안 곰곰 생각하던 남자는 이렇게 대꾸했지. "그랬다면 나는 지금쯤, 마이크로소프트 사의 청소부로 일하고 있겠지요."

신행아,
아마 그 남자가 이메일이 없다는 자신의 약점을 보완하려고
컴퓨터를 사고 이메일을 만들었다면 어땠을까?
아마 그의 말대로 청소부로 일하고 있겠지?
장사를 잘 한다는 자신의 강점도 발견할 수 없었을 거야.
사람은 누구나 강점이 있어.

네가 그것을 알고 있다면, 잘 활용하도록 노력해.

아직 찾지 못했다면, 먼저 강점을 찾기 위해 노력해.
그건 인생이란 여행을 할 때 꼭 필요한 일이야. ^^

네가 가지지 못한 것만 보이는 눈을 감고,

이미 가진 것을 감사하게 바라보는 눈을 떠봐.

그럼 네가 가진 게 얼마나 소중한 건지 꼭 알게 될 거야.

정호
저는 키가 너무 작아요. 눈도 너무 작아요. 게다가 머리가 커요. 제가 이렇게 말하면 친구들은 다 웃어요. 하지만 저는 엄청 고민이 되는걸요. 왜 저는 키도 작고 눈도 작고 머리만 클까요? 매력 있는 사람이 되고 싶은데, 매력 있는 구석이라고는 하나도 없어요. ㅠㅠ


쌤은 안 웃을게. 정말이야!
쌤이 저번에 지하철을 탔는데 말이야.
내 맞은편 의자에 앉아 있는 세 명의 여성이 다 똑같이 생긴 거야.
다 똑같은 성형외과에서 쌍꺼풀 수술을 한 것처럼 말이야,
쌍꺼풀의 두께며 모양이 똑같이 생겼더라고.
사람들은 그걸 보면 예쁠까?
쌤은 개성 없어 보이고, 너무 싫던데 말이야.


개그맨 이동우 아저씨가 있어. 쌤한테 아저씨는 아니고, 너의 입장에서 보면 아저씨일 거야. 그 아저씨는 개그 프로그램에도 많이 나왔고, 예쁜 아내를 만나서 결혼도 했어. 그 정도면 별 문제없이 삶을 잘살고 있는 거라는 생각이 들었지. 그런데 결혼을 하고 100일쯤 지난 뒤에 날벼락이 떨어졌어. 자신이 '망막색소변성증'이라는 병을 앓고 있다는 것을 알았고, 그 병으로 인해 시력을 잃게 되었지.
그 사연은 각 언론을 통해 세상에 전해졌어. 그리고 참 기쁜 일이 생겼지. 천안에 사는 한 40대 남자가 그 사연을 듣고 자신의 눈을 기증하겠다는 거야. 아저씨는 설레는 마음으로 한달음에 달려갔지. 가족들도 얼

마나 기대했을까? 아저씨를 사랑하는 모든 사람들이 설레며 기대하고 기다렸을 거야. 그런데 그 남자를 만나고 돌아온 아저씨는 허무한 소식을 전해주었지. 눈을 기증받지 않기로 했다는 거야. 왜 그랬냐고? 눈을 기증하겠다던 남자가 근육병 환자였거든. 몸을 움직이지 못하고, 정상적인 기능을 하는 곳은 오직 눈밖에 없는 사람이었지. "나는 하나를 잃고 나머지 아홉을 가지고 있는 사람인데 그분은 오직 하나 남아 있는 것마저 저에게 주려고 하셨어요. 어떻게 그걸 달라고 할 수 있겠습니까? 저는 이미 받은 것이나 마찬가지입니다. 그분은 저에게 세상을 보는 눈을 주셨기 때문입니다." 아저씨는 이렇게 말했어. 아저씨는 알게 된 거야. 눈을 잃고 슬픔에 잠겨 서 미처 깨닫지 못했던 것을 말이야.

그게 뭐냐고? 자신은 시력을 잃었지만, 그것을 제외하면 가진 것이 아주 많다는 사실이었지. 가진 것은 감사하지 못하고, 가지지 못한 것만 탓하고 있던 자신을 발견한 거야.


정호야, 사람은 말이야.

자신에게 없는 것만 멋져 보이고,

그것을 가질 수 없는 자신을 한탄하곤 해.

그것과 반대로,

자신이 가지고 있는 것은 너무나 당연하고 하찮게 여기지.

너, 키가 작아서 유리한 게 얼마나 많은지 알아?

작은 눈이 얼마나 매력적인지 알아?

모른다고?

이제 차츰 알게 될 거야.

네가 가지지 못한 것만 보이는 눈을 감고,

이미 가진 것을 감사하게 바라보는 눈을 떠봐.

그럼 네가 가진 게 얼마나 소중한 건지 꼭 알게 될 거야.

#내가 진짜
아무것도 못하면 어쩌죠?

누구의 삶에나 ' 때문에'가 있어.

그런데 그건 불평한다고 바뀌는 게 아니야.

어차피 너에게 주어진 상황이나 환경이라면

그걸 바라보는 네 시각을 바꾸면 좋겠어.

불행도 바라보는 시각이 바뀌면 행운이 될 수 있거든.

**동우** 저는 오늘도 병원에 다녀왔어요. 몸이 많이 약하거든요. 조금만 무리해도 감기나 폐렴도 잘 걸리고, 입원도 많이 해요. 어른들은 제가 어른이 되면 회사에도 다니지 못할까 봐 걱정이 된대요. 그렇다고 저희 집이 부자도 아니거든요. 사실 공부도 잘 못해요. 몸이 약하기 때문에, 부자가 아니기 때문에, 공부도 못하기 때문에 제가 정말 회사도 못 다니고 일도 못하는 사람이 되면 어떻게 하죠?

많이 아팠구나. 약은 잘 먹고 있지?
약 잘 챙겨먹고 다 나으면 꼭 운동을 시작해.
집 앞에서 줄넘기를 하던지, 동네 한 바퀴를 뛰던지
너에게 맞는 운동을 찾아서 하는 게 중요해.
그리고 동우야.
운동을 시작한 다음에는 말이야, '때문에'를 '덕분에'로 바꿔보자.

일본에서 '경영의 신'으로 불리는 전설적인 기업인 '마쓰시타 고노스케'라는 사람이 있었어. 그는 미국《타임》지의 표지를 장식하기도 했고, 삼성 이건희 회장이 가장 존경하는 인물로 꼽기도 한 세계적인 기업가야. 어느 날 그에게 한 직원이 물었지. "사장님이 이렇게 성공할 수 있는 비결은 무엇입니까?"라고 말이야. "나의 성공비결은 세 가지 행운이네." 그는 직원을 인자하게 바라보며 말했지. 직원이 그 세 가지 행운이 뭐냐고 물으니까 그는 차분하게 설명해주었어. "내가 말하는 세 가지 행운은 가난하게 태어난 것, 허약하게 태어난 것, 초등학교 4학년 때 중퇴

한 것이지."라고 말이야.

"어떻게 그런 불행을 행운이라고 얘기할 수 있나요?" 직원이 놀라며 물었고, 그는 말했지. "나는 가난한 집안에서 태어난 덕분에 어릴 때부터 갖가지 힘든 일을 하며 세상살이에 필요한 경험을 쌓았네. 나는 허약하게 태어난 덕분에 건강의 소중함을 알았고 운동을 시작해 건강을 유지할 수 있었지. 나는 학교를 제대로 마치지 못했던 덕분에 배움에 굶주려 세상의 모든 것을 스승으로 삼았네. 모든 사람이 내 스승이니 누구에게나 모르면 묻고 배우며 익힐 수 있었네. 이렇게 큰 행운을 어떻게 불행이라고 할 수 있겠나?"라고 말이야.

동우야, 이제 알겠어?
쌤이 '때문에'를 '덕분에'로 바꾸라고 했던 말의 뜻을 말이야.
누구의 삶에나 ' 때문에'가 있어.
그런데 그건 불평한다고 바뀌는 게 아니야.
어차피 너에게 주어진 상황이나 환경이라면
그걸 바라보는 네 시각을 바꾸면 좋겠어.
불행도 바라보는 시각이 바뀌면 행운이 될 수 있거든.
너는 몸이 약한 덕분에 건강의 소중함을 알게 될 거야.
운동을 시작하며 건강을 유지할 수 있을 거고,
부자가 아닌 덕분에 많은 스승을 만날 수 있겠지.
공부를 잘 못하는 덕분에
공부 외에 다른 재능이 있다는 걸 발견하게 될 거야.
하지만 너는 그저 회사를 다니는 사람은 되지 못할 거야.

아파서 그러냐고? 아니!

너는 그저 그렇게 회사를 다니지 않고, 자신만의 일을 발견할 거거든.

자신이 좋아하는 일을 하며 멋지게 사는 어른이 될 거야.


분명히 그럴 거야.

쌤은 널 믿는다. 그러니까 너도 널 믿어!

**#외모가 꿈의 장애물이래요**

네 외모 때문에 꿈을 포기해야 할 필요는 없을 거 같아.

너의 외모는 오히려 감동을 증가시키고 반전의 매력을 줄 테니까.

지후

샘, 저는 어렸을 때부터 노래를 잘했어요. 초등학교 다닐 때 학예회를 하면 무조건 노래를 불렀어요. 제가 노래를 부르면 사람들이 칭찬을 해주었고, 저는 지금도 노래를 부를 때가 가장 행복해요. 친구들은 꿈이 바뀌기도 한다는데, 저는 한 번도 꿈이 바뀌지 않았어요. 어렸을 때부터 가수가 되고 싶었지요. 그런데 요즘은 꿈을 바꿔야 하나 고민이 된답니다. 제가 키도 작고, 살도 좀 쪘거든요. 친구들은 제가 외모 때문에 가수가 될 수 없을 거래요. 요즘 가수는 노래도 잘해야 하지만 외모도 멋있어야 한다고요. 그래서 요즘 너무 힘이 빠져 있답니다. ㅜㅜ


에고, 어쩌면 좋아. 진짜 힘이 없겠네.
그런 소리를 들었다면 나도 힘이 쭉 빠졌을 거 같아.
그런데 지후야. 쌤이 보기에
네 외모 때문에 꿈을 포기해야 할 필요는 없을 거 같아.
너의 외모는 오히려 감동을 증가시키고 반전의 매력을 줄 테니까.


2007년, 영국의 오디션 TV 프로그램인 〈브리튼스 갓 탤런트(Britain's Got Talent)〉 무대에 폴 포츠란 사람이 등장했어. 그의 외모는 그야말로 '비호감'이었지. 배는 불룩하게 튀어나왔고, 자세는 긴장한 듯 경직되어 있었어. 자신 없어 보이는 표정에 발음도 어눌했지. 낡은 양복 차림새는 그를 더 허름하게 만들었어. 심사위원들은 "별 희한한 사람이 다 나왔네."라고 말하는 듯한 표정으로 곁눈질을 했어. 심사위원 중 한 사람이 물었지. "무슨 노래를 준비해 오셨나요?" 폴 포츠는 "오페라를 부르려고요."라고 짧게 답했어. 그러자 옆의 심사위원이 팔짱을 낀 채 어이없는 표정으로 노래를 불러보라고 했지. 곧 폴 포츠의 노래가 시작되었어. 그리고 그 순간 모두 하나같이 탄성을 질렀지.

그의 노래 실력은 정말 놀라웠어. 어떻게 그런 천상의 목소리가 나올 수 있는 건지, 관객들은 모두 입을 다물지 못했지. 노래가 끝나자, 우레와 같은 박수소리가 울려 퍼졌어. 그는 당당하게 우승을 했고, 그의 첫 번째 출전 영상은 유튜브에서 누적 1억 건이 넘는 조회수를 기록하며 화제가 되었지. 그는 오페라 가수가 되었고, 2007년에 1집 앨범을 발매했어. 그 앨범은 전 세계적으로는 500만 장 이상을 판매하는 밀리언셀러의 성공을 거두었지. 2009년 4월 독일을 시작으로 발매된 2집 앨범과 2010년 9월 22일 일본을 시작으로 세 번째 앨범을 발매하며 지금도 인기를 이어가고 있어.


지후야,
폴 포츠는 초라한 외모를 가진 사람이지만,
그 초라함이 꿈을 막을 수는 없었어.
오히려 감동을 증가시키고 반전의 매력을 주었지.
폴 포츠의 외모를 보고 기대를 하지 않던 사람들을 모두 놀라게 할 만큼 노래를 잘 불렀으니까 말이야.
사실 폴 포츠의 문제는 초라한 외모뿐만이 아니었어.
폴 포츠는 가난과 왕따, 교통사고, 종양수술 등 어려운 상황을 겪었고,
직업도 아주 평범한 휴대전화 판매원이었거든.
쌤은 말이야,

네가 폴 포츠처럼 가슴 속에 꿈을 잘 가지고 있었으면 좋겠어.
그리고 꿈을 위해 열심히 노력하다가
기회가 왔을 때 마음껏 펼쳐보았으면 좋겠어.

거울을 보며 울상을 짓는 것보다는
노래 연습을 한 번 더 하는 게 낫지 않겠어?

#엄마한테
부끄러운 딸인 것만 같아요

수군거리는 사람이 있을까 봐 두려워? 그래, 그럴 거야.

그런데 당당한 네 모습을

더 멋지게 생각한 사람도 있을까 봐 자신감이 생겨도 돼.

그런 사람들이 훨씬 더 많을 테니까.

**민주** 음, 작가님~ 제 이름은 비밀로 해주시는 거죠? 음··· 저는요, 못생기도 뚱뚱하고, 걸음걸이도 이상해요. 그런데 저희 엄마는요. 엄청 예쁘고 날씬하고 직업도 좋고, 최고예요. 그래서 엄마가 내가 딸이라는 게 부끄러울까 봐 그게 싫어요. 엄마 눈에는 내가 예쁘다는 데 그것도 싫어요. 아무리 생각해도 그건 거짓말 같아요. 그래서 힘들어요.


에고, 힘들겠네.

이름은 모두 다 비밀로 해.

책으로 나온다고 해도 다 가명을 쓸 거니까 걱정 마.

민주야,

한번 바꿔서 생각해볼까?

지금 네 모습이 엄마랑 똑같고

지금 엄마 모습이 너랑 똑같다고 생각해보는 거야.

그렇다면 너는 엄마가 부끄러울 거 같아?

아닐 거라고? 그렇지?

그래, 그럴 거야.

네 엄마니까,

널 최고로 사랑하는 엄마니까 부끄럽지 않을 거란 말이잖아.

그럼 엄마도 같지 않을까?

최고로 사랑하는 네가 부끄럽지 않을 거 같아.

엄마에게 최고인 너니까, 엄마 눈에는 진짜로 예쁠 거 같아.

어느 시골에 뇌성마비에 걸린 아저씨가 있었어. 그 아저씨에게는 아홉 살 난 딸이 있었지. 딸은 아빠에게 부탁을 많이 했어. 준비물을 놓고 왔으니 가져다달라고 하기도 했고, 비가 오니까 우산을 가지고 마중 나와달라고도 했어. 그런데 아저씨는 학교에 갈 수가 없었어. 딸의 친구들이 자신의 모습을 보면 딸을 놀릴까 봐, 자신이 딸의 아빠인 걸 다른 아이들이 알면 딸이 부끄러울까 봐, 그래서 아저씨는 학교 근처 식당에 준비물도, 우산도 맡겼어. 그리고 딸에게 식당에 가서 찾아가라고 했지. 그러던 어느 날, 딸이 꼭 부탁을 했어. 준비물을 가지고 오늘은 꼭 정문 앞으로 와달라고. 아저씨는 할 수 없이 정문 근처까지 갔는데 도저히 앞에는 못 가겠어서 구석에 앉아 있었어. 딸은 그런 아빠를 보더니 왜 여기 있냐고 물었지. 아저씨는 아무 말도 할 수 없었고, 딸은 아빠의 손을 잡아 끌었어. 그리고 친구들에게 가서 말했지. "얘들아, 우리 아빠야."라고 말이야. 딸은 아빠를 소개해주고 싶었던 거야. 아빠의 생각에는 뇌성마비를 앓고 있는 '부끄러운 아빠'이지만, 딸에게는 자신을 최고로 사랑해주는 '최고의 아빠'이니까.

민주야,
네가 그 아저씨의 딸이었다고 해도 똑같이 행동하지 않았겠어?
아픈 아빠지만 너에게는 자랑스러운 아빠라고 생각하지 않았겠어?
네가 생각하기에 네 모습이 부끄러울 수 있어.
하지만 사랑하는 사람의 눈에 네 모습이 부끄럽지 않을 수도 있잖아.
엄마의 말을 믿어줘. 너를 최고로 사랑해주는 '최고의 엄마'잖아.
그러니까 당당하게 엄마의 딸로 함께 다녀도 괜찮아.

너는 '최고의 엄마'가 사랑하는 '최고의 딸'이잖아.

수군거리는 사람이 있을까 봐 두려워? 그래, 그럴 거야.

그런데 당당한 네 모습을

더 멋지게 생각한 사람도 있을까 봐 자신감이 생겨도 돼.

그런 사람들이 훨씬 더 많을 테니까.

#내가 흙수저인 게 싫어요

흙이 뭐 어때서?

진주도 진흙 속에서 발견되고

꽃도 흙이 없으면 자라지 못하는 거 아니야?


쌤은

진흙 속에서 진주가 된 사람도,

흙길에서 꽃을 피운 사람도 많이 알고 있거든.

민우 쌤, 제가 흙수저로 태어난 게 평생 문제가 될 수도 있죠? 아무리 노력해도 금수저가 될 수는 없다면, 그렇잖아요. 그렇다고 금수저가 될 수도 없고, 원래 그렇게 태어난 애들에 비해 성공할 확률도 엄청 줄어들고요.


네가 말하는 성공이 돈을 많이 버는 거라면 그럴 수도 있겠네.

5억원이 있다면 1000만 원만 벌어도 5억원이 넘는 돈을 가지고 있는 사람이지만 십원도 없다면 1000만 원을 벌어도 1000만 원밖에 없는 사람일 테니까.

그런데 돈을 많이 버는 것만이 성공이야?

꿈을 이루거나 자신의 일을 가지고 있는 건 성공 아니야?

아니면 그것 또한 흙수저라서 훨씬 어렵다고 생각하는 거야?

쌤은 그 생각에는 동의할 수가 없을 것 같아.

흙이 뭐 어때서? 진주도 진흙 속에서 발견되고

꽃도 흙이 없으면 자라지 못하는 거 아니야?

쌤은 진흙 속에서 진주가 된 사람도,

흙길에서 꽃을 피운 사람도 많이 알고 있거든.

그중 한 사람의 이야기를 들려줄게.


크리스 가드너라는 사람이야. 그는 의료기 판매상이었지. 한 달에 의료기 두 대를 팔면 아들의 유치원비랑 집세를 해결할 수 있었어. 문제는 한 달에 두 대를 팔기가 힘들었다는 거지. 노력하지 않았냐고? 아니, 그는 하루에 20킬로미터 이상을 걸어 다니며 의료기를 팔았어. 열심히 했지만, 잘 되지 않았지. 어느 날, 의료기를 팔러 갔다가 허탕을 치고 돌아가는데, 멋진 차에서 내리는 신사를 보고는 가서 물었어. 너무 멋진데 도대체 무슨 일을 하냐고. 그는 주식중개인이라고 했지. 대학을 나와야 할 수 있는 일이냐고 물으니, 아니라고 했어. 숫자에 밝고 사교성이 좋으면 할 수 있다고 했지.

크리스는 자신이 있었어. 집에 가서 아내에게 말했지. 이제 주식중개인이 되겠다고 말이야. 아내는 말도 안된다며 의료기나 더 열심히 팔라고 했어. 집세를 못 내서 쫓겨나게 생겼다고 말이야. 아내의 말은 곧 현실이 되었지. 집주인이 당장 내일 집을 비우라고 소리쳤지. 아내는 그런 생활이 지긋지긋했는지 집을 나갔어. 크리스는 아들과 함께 거리를 배회했어. 화장실에서 잠을 잤지. 하지만 꼭 주식중개인이 되고 싶었어. 주식 관련 책을 열심히 읽고 구인광고도 열심히 보았지. 그러다가 드디어 주식중개를 하는 회사의 인턴십 과정에 들어가게 되었어. 우선 인턴십 기간 동안 보수를 받지 않고 일을 하는 거야. 그리고 그 기간이 끝나면 60명 중에 1명만 정직원으로 발탁하는 거야.

크리스는 정말 열심히 했어. 고졸 학력이라 무시를 당하고, 유일한 흑인이라 차별을 당했지. 하루종일 매니저의 뒤치다꺼리만 하기도 했어. 하지만 화장실 가는 시간을 아끼려고 물을 마시지 않고, 수화기를 내려놓는 시간도 아까워 내내 수화기를 들고 전화를 했지. 회사의 주식 상품을 설명하고, 조금이라도 관심을 가지면 찾아가서 설명을 했어. 인턴십 기간의 마지막 날, 회사의 대표가 크리스를 불렀지. 크리스는 어색한 분위기를 없애려고 농담을 했어. "제가 인턴십 마지막 날이라 하얀 셔츠를 입어 보았습니다. 하하하." 사장은 말했지. "어쩌지? 내일도 셔츠를 입어야겠는데? 내일은 정직원으로 출근하는 첫날이니 말이야." 크리스의 눈시울이 붉어졌지. 크리스는 정직원으로 첫 출근을 하며 정말 오랜만에 '행복'이라는 단어를 떠올렸어. 그리고 아주 오랫동안 행복하게 정직원으로 일하다가 2006년, 자신의 회사를 설립했지. 현재, 그는 강연을 통해 절망에 빠진 사람들에게 희망을 전하고 있어. 그리고 그의 재산은 2200억 원에 이르지.

민우야, 어때?

흙수저 중에서 흙수저,

아주 진흙 수저라고 할 수 있는 크리스의 삶이잖아.

그건 그저 크리스의 이야기 같아?

에이, 언제까지 멋진 이야기들은 다 남에게 넘겨줄 거야.

이제 그만 넘겨주고 네가 가져.

너의 이야기를 그렇게 만들면 되는 거잖아.

'선한 뿌린 대로 거두는 것이다.

노력과 성실은 배반하지 않는다.

포기하고 싶은 그 순간, 바로 다시 시작하라.

인간에게 가장 큰 선물은 자기 자신에게 기회를 주는 것이다.'

크리스가 한 말이래. 너도 너에게 큰 선물을 줘.

쌤도 그럴 거야. 쌤도 엄청 흙수저거든.

네 덕분에 나도 나에게 큰 선물을 줘야겠다는 다짐을 하게 되네.

핵고마움! ^^

#희망을 주는 사람이
되고 싶어요

희망을 주고 싶다면 네가 먼저 희망을 가지고 시작해.

누군가를 행복하게 해주고 싶다면 네가 먼저 행복해.

그러면 되는 거야.

준규 저는 사람들한테 희망을 주는 사람이 되고 싶어요.
그런데 문제가 있어요. 희망을 어떻게 주는 건지 모르겠어요. ㅜㅜ


ㅎㅎ 사랑스러운 질문이네.

준규야,

내가 함께하는 '오백송이'라는 음악 프로젝트가 있거든.

작사와 이야기를 담당하는 오선화, 작곡과 건반을 담당하는 백하슬기,

보컬을 담당하는 송영일, 기타와 작곡을 담당하는 이강하.

이렇게 네 명의 성을 따서 '오백송이'란 이름이 탄생했지.

각자 일이 바빠서 자주 공연을 하지는 못하지만, 가끔 모여서 의미가
있는 공연을 해.

보육원이나 청소년들을 위한 곳에 찾아가기도 하고….

언젠가 청소년들을 위한 캠프에서 공연을 할 때 말이야.

내가 참 좋아하는 분이 함께하셨거든.

그분이 우리 공연을 보더니 이렇게 평을 해주셨어.

"마음이 너무 좋다. 너희끼리 너무 좋아서 하는 게 보이니까

보는 사람들도 행복해지네."

이 말을 듣고 깨닫게 되더라.

먼저 우리가 행복해야 다른 사람들을 행복하게 할 수 있구나,

먼저 우리가 좋아서 다른 사람들도 좋을 수 있구나, 라는 사실을….

준규야,

희망을 주고 싶다면 네가 먼저 희망을 가지고 시작해.

누군가를 행복하게 해주고 싶다면 네가 먼저 행복해.
그러면 되는 거야.

교통사고로 시력을 잃은 화가가 있어. 그의 이름은 박환. 그는 앞을 보지 못하게 되었을 때 그저 막막했어. 배운 게 그림 밖에 없는데 앞을 보지 못한다니 그럴 수밖에 없잖아. 이제 다시는 그림을 그릴 수 없다고 생각했어. 하지만 할 수 있는 게 그림 밖에 없으니 할 수 있어야 했지. 그래야만 했어. 연필로는 감을 못 잡으니 실을 붙여서 스케치를 했어. 그 위에 입체감 있게 두꺼운 실을 붙이고 좋아하는 청바지를 조각으로 잘라서 붙였어. 물감마다 농도가 달라서 박스에 칸을 만들어서 칸마다 나눠 넣었어. 칸마다 있는 물감의 농도와 색깔을 다 외웠지. 그림을 그리면서 다시 희망이 생겼어. 풍경을 그리면 그 풍경 속에서 살고 있는 느낌이 들어 좋았어. 봄의 풍경을 제일 많이 그렸어. 봄은 시작과 희망을 의미한다고 생각했거든. 그에게는 다시 그릴 수 있는 것이 희망이었고, 시작이었고, 기쁨이었지. 그런데 신기했어. 사람들이 그의 그림을 보며 희망을 얻는다고 말했거든. 희망을 주려고 한 적이 없는데 희망을 받았다는 사람들을 보면서, 그는 신이 났어. 할 수 있는 것은 그림뿐인데, 그 그림으로 사람들의 마음을 토닥거려 줄 수 있으니까. 그의 그림을 좋아하는 사람들이 그에게 희망이 되었고, 사람들에게는 그의 그림이 희망이 되었지.

준규야,
너의 희망은 뭐야?
너의 희망이 담긴 일을 기쁘게 할 수 있으면 해.

그게 그림이든 글이든 그 무엇이든, 희망차게 하면 돼.

그럼 사람들은 그런 너의 모습에 희망을 얻을 수 있을 거야.

더 희망을 줄 수 있는 방법은, 행복을 더 나눌 수 있는 방법은 그 다음에 고민해보자.

우선 네가 먼저 희망으로 가득 찬 후에.

# 너는 문제없어!

## 10대를 위한 써나쌤의 멘토레터

지은이 오선화

이 책의 편집과 교정은 조혜정, 출력과 인쇄 및 제본은 꽃피는 청춘의 임형준이, 종이 공급은 대현지류의 이병로가 진행해주셨습니다. 이 책의 성공적인 발행을 위해 애써주신 다른 모든 분들께도 감사드립니다. 틔움출판의 발행인은 장인형입니다.

초판 1쇄 발행 2017년 7월 31일
초판 2쇄 발행 2019년 9월 10일

| | |
|---|---|
| 펴낸 곳 | 틔움출판 |
| 출판등록 | 제313-2010-141호 |
| 주소 | 서울특별시 마포구 월드컵북로4길 77, 353 |
| 전화 | 02-6409-9585 |
| 팩스 | 0505-508-0248 |
| 홈페이지 | www.tiumbooks.com |

ISBN 978-89-98171-36-0 43320

**틔움**은 책을 사랑하는 독자, 콘텐츠 창조자, 제작과 유통에 참여하고 있는 모든 파트너들과 함께 성장합니다.